Arena-Taschenbuch
Band 2543

Renate Finckh,
1926 geboren, studierte Germanistik und Geschichte.
Das vorliegende Buch erschien auf der Auswahlliste zum Deutschen Jugendliteraturpreis.
Auch in ihren Romanen geht es der Autorin um die Aufarbeitung ihrer Kindheit und Jugend im Nationalsozialismus.

». . . eines der rücksichtslos-ehrlichsten Bekenntnisse, die mir je vor Augen gekommen sind.«

Ralph Giordano

Renate Finckh

Sie versprachen uns die Zukunft

Eine Jugend im Nationalsozialismus

Mit einem Nachwort
von Inge Aicher-Scholl

Auf der Auswahlliste zum
Deutschen Jugendliteraturpreis

Arena

Die Deutsche Bibliothek – CIP-Einheitsaufnahme

Finckh, Renate:
Sie versprachen uns die Zukunft / Renate Finckh.
– 2. Aufl. – Würzburg: Arena, 1995
(Arena-Taschenbuch; Bd. 2543)
ISBN 3-401-02543-0

2. Auflage als Arena-Taschenbuch 1995

Das Taschenbuch erschien ursprünglich im Signal-Verlag
als gebundenes Buch und im Arena Verlag als Taschenbuch
unter dem Titel »Mit uns zieht die neue Zeit«
Reihenkonzeption: Karl Müller-Bussdorf
Umschlagillustration: Sabine Lochmann
Gesamtherstellung: Westermann Druck Zwickau GmbH
ISSN 0518-4002
ISBN 3-401-02543-0

Frühe Bilder

1926 bin ich geboren.
1946 bin ich zwanzig Jahre alt.
Jahre einer Jugend.
Erst heute kann ich mich aufmachen, mich darin zu suchen.
Es ist mir, als suchte ich in einer fremden Welt, in der ein Teil von mir verlorengegangen ist.

Da, wo die Erinnerung im Dschungel dunkler Gefühle versteckt ist, leuchten zuweilen einzelne Bilder in mir auf. Kleine, angerissene Bilder. In diese kann ich eintreten.
Da sitze ich nackt auf der Wickelkommode in einem hellen Raum. Später weiß ich, daß man ihn Diele nennt. Ich sehe das Badetuch, das um mich geschlungen wird. Es ist weiß, von roten Karolinien durchzogen, und es ist sehr dünn. Ich spüre das Reiben auf meiner Haut. Allmählich höre ich auf zu schreien.
Um mich sehe ich die Großen. Mama, Tante Helene, meine Schwester Irene mit ihrem langen, schwarzen Pferdeschwanz. Darunter kommt plötzlich ein anderes Bild zum Vorschein: Da sitze ich in einem blechernen Wännchen, mitten im Raum. Ich klammre mich verzweifelt am Rande fest und kann deshalb die Hände nicht vor die brennenden Augen halten. Von meinem Kopf tropft dicker Seifenschaum. Ich brülle und stammle undeutlich: »Nicht Haarle wassen!« Dann gehen Gebrüll, Gestammel und Seifenschaum in einem Wasserguß unter.
Ich weiß nicht, ob ich damals schon selbst gehen konnte. Aber bald kann ich es. Denn ich sehe mich in jener Diele behutsam

auf und ab gehen. Ich achte auf die Bodenbretter, die glänzend gewachst, aber etwas uneben sind und die an bestimmten Stellen vertraute Laute von sich geben. Sie vermitteln mir das Gefühl, nicht allein zu sein.

Ich kann sprechen, kann mich und die Meinen benennen: »Papa, Mama, Adi, Dede, Nea.« Nea, das bin ich.

In der Diele, auf den vertrauten, sprechenden Brettern, gehe ich auf und ab. Und wie meine Füße tasten, so vermögen sich auch die Lippen nur tastend zu formen. Der Gaumen drückt sich zusammen, und langsam preßt sich ein röchelnder Laut hervor, bis er Platz findet im breiter werdenden Mund: »Chchch – Chchee – Cheni – Chreni – Reni!«

Ich bin so hingegeben an die Übung des Worts, daß ich gar nicht bemerke, wie meine große Schwester Irene in die Diele tritt. Erst als ich ihre Freudenrufe höre, schaue auch ich auf. Das neue Wort, das ich aussprechen kann, macht mich glücklich. Aus »Dedi« wird Reni.

Von der Diele aus kann ich ins Eßzimmer hineinblicken. Dort ist es düster und grün, und mich befällt ein leises Grauen, wenn ich in das Zimmer hineinschaue. Dann kriecht so eine Gänsehaut über meine Arme wie damals, als ich den Papa in jenem Zimmer zum ersten Mal entdeckt habe.

Eigentlich hat er mich entdeckt.

Ich sehe mich auf seinen Schoß klettern und sein dichtes, graues Haar zausen. Er wirft mich hoch, fängt mich wieder auf. Er drückt mich und kitzelt mich, daß ich aufjauchze. Er kitzelt stärker. Ich küsse ihn. Oder . . .?

Mitten im Wonnegeschrei stürzt die Welt über mir zusammen. Um mich wird's dunkel. Alles schüttert, dreht sich, steht kopf . . . Dann ein Fall in die Tiefe. Gleichzeitig ein Losgelassenwerden aus schrecklichem Griff.

Ich bin im Gitterbett. Das Zimmer ist dämmrig. Über mir Mamas Gesicht, dunkel, blaß. Ich nehme den schwarzen Blick

ihrer Augen wahr und muß weinen. Sie deckt mich sanft zu und ist bei mir. (Später erzählte mir Tante Helene, die dabeigewesen sein muß, ich hätte Papa bei der Balgerei in die Nase gebissen. Schmerz und Zorn hätten ihn außer sich gebracht. Er habe mich geschlagen und ins Bett geworfen.)
Jedesmal, wenn ich nun seine Stimme höre, ist mir, als bräche die Welt wieder über mir zusammen. Höre ich seinen Schritt, so verstecke ich mich, wenn ich kann. Wenn es zu spät dazu ist oder wenn er nach mir ruft, wünsche ich mir, daß sich eine dunkle Wolke zwischen ihn und mich schöbe und er mich dann nicht sehen könne. Doch das geschieht nicht. Er sieht mich an, und ich muß weinen.
»Hör sofort auf mit Heulen!« donnert er.
Weiß er denn nicht, daß man damit nicht einfach aufhören kann?
Immer wieder bricht es zusammen über mir. Besonders wenn ich schreie. Zum Beispiel auf dem Spielplatz im Stadtpark. Dort muß meine Schwester Reni mich oft hüten. Sie schiebt mich dorthin in einem hohen Kindersportwagen, in dem ich in Fahrtrichtung knie. Über mir sind hohe Bäume mit großen Blüten, die die Großen Kerzen nennen. Auf den Bänken im Park sitzen Leute. Ich soll auf dem Sandhaufen mit anderen Kindern spielen. Aber das will ich nicht. Ich fürchte mich vor ihnen. Weil sich niemand um mein Weinen kümmert, fange ich an zu schreien. Immer lauter schreie ich. Ich hab's noch im Ohr, wie das tut, so zu schreien.
Da kommt es wieder: Alles über mir, um mich, stürzt. Ich schwebe in rotem und gelbem Nebel. Und dann bricht etwas aus mir heraus, voll Schmerz und voll Genuß, schwillt an, trägt mich empor. Wohin mich mein Schreien trägt, da kann mich niemand finden . . .
Und plötzlich ist alles eiskalt und naß. Über mir eine Pumpe. Wasser stürzt auf mich. Mein Kopf ist wie in einer Zange. Ich

kann nicht begreifen, warum alle um mich sind. Reni und fremde Leute. Ich bin doch gerade noch geschwebt, schwerelos und allein. Warum prasselt Wasser auf mich? Warum verhauen sie mir den Popo? Warum bloß? Bin ich denn bös gewesen?
(Der alte Kinderarzt hat damals bei mir Stimmritzenkrämpfe diagnostiziert und Schocks durch kaltes Wasser verordnet. Deshalb waren diese Erlebnisse immer mit Wasser verbunden.)
Ins Schreien kann ich mich flüchten. Und zu Mama. Aber ich finde sie nicht oft. Sie ist meist unten im Laden, und da soll ich nicht sein. Aber da ist Großmama Inna. Ich muß nur die Treppe hinaufsteigen, um bei ihr zu sein. Sie ist lieb und sanft. Sie erzählt mir eine Geschichte. Wenn sie erzählt, bekomme ich auch eine Gänsehaut. Aber meine Angst ist in Geborgenheit eingehüllt.
Sie sitzt nähend auf dem Podium am Fenster. Ich sitze zu ihren Füßen und nähe auch. Der Stoff in meiner Hand wird zum Knäuel. Großmama muß mir zum hundertsten Male von Theresinchen erzählen. Theresinchen geht allein in den Wald, um Erdbeeren zu suchen, und findet dort eine Höhle. Eine Höhle ist für mich das Loch im Fußboden des Kinderzimmers, das mit einer Falltür verschlossen ist und durch das man hinabgelangen kann ins Elternschlafzimmer. Auch dort erscheint mir alles grün verhangen und geheimnisvoll, wie der Wald, in den Theresinchen gegangen ist.
Aber nun wird's schlimm in Großmamas Erzählung. In der Höhle wohnt nämlich ein Räuber. Der kommt herauf und fragt mit rauher Stimme: »Wer bist du? Was tust du da?«
Und der Räuber hat Papas Stimme! Ich zittre.
Der Räuber ergreift das kleine Mädchen, sperrt es in die dunkle Höhle und geht fort. Da sitzt es nun ganz allein und hat große Angst.
Aber da ist Theresinchens Mama. Die fängt an, überall ihr Kind

zu suchen. Weinend durchforscht sie den dunklen Wald, und dann sieht sie plötzlich ein winziges Licht. Dem geht sie nach und findet in der Höhle ihr kleines Mädchen.
Jedesmal, wenn ich das Theresinchen wieder geborgen weiß, bin ich glücklich.
Noch schöner aber als in Großmamas Stube ist es auf ihrer Altane. Die ist oben auf dem Dach. Rund um den Kamin stehen große Pflanzentöpfe, das verschnörkelte Eisengeländer ist grün umrankt. Neben dem Kamin ist ein Gartenhäuschen mit einem Rohrtisch und geschwungenen Korbstühlen. Hier oben darf ich oft spielen, während sie im Häuschen sitzt. Himmel und Sonne sind sehr nahe, man kann fast mit der Hand danach greifen.
Einmal sind auch Mama und Reni mit dabei.
Und ganz plötzlich ist es da: Vom Himmel prasseln große Brocken und durchschlagen das Dach des Häuschens. Wir flüchten auf die Stiege. Voll Entsetzen sehe ich die weißen Brocken immer größer werden. Ich berge meinen Kopf in Mamas Rock.
»Es hagelt«, sagen sie.
Ich weiß nicht, was das ist. Aber ich weiß, daß wieder eine Welt für mich zusammengestürzt ist. Großmamas stille Altane ist keine Zuflucht mehr.
Ihr Schlafzimmer erscheint mir dämmrig und fremd. Auch ihr Gesicht ist mir fremd, das da klein und gelb aus den Kissen schaut. Mir ist unbehaglich zumute, und ich muß sehr leise sein.
Dann weiß ich nichts mehr von ihr. Sie ist aus meinem Leben ausgezogen, und ich bemerke es nicht.
Als sie starb, war ich zweieinhalb Jahre alt.

Vergilbte Blätter

Meine Eltern hießen Anna und Max Keller.
Was weiß ich im Grunde von ihnen?
Nichts mehr ist da von ihnen. Nur ein paar Briefe. Ein Tagebuch. Ich muß große Scheu überwinden, um darin zu lesen, Antworten auf die Fragen zu suchen, die zu stellen ich versäumt habe.
Aber das eigene Wesen wurzelt tief im Leben derer, die einem Vater und Mutter wurden. Will ich versuchen, die verstreuten Bilder aus meiner Kindheit zu ordnen und zu deuten, muß ich mich an einzelnen Fäden zurück ins Vor-Vergangene tasten:

Neunzehnhundertdreizehn.
Rasch gewachsene Kleinstadt.
Vorwiegend tüchtige Leute:
Provinzler, die es zu Wohlstand gebracht haben.
Katholisch aus Tradition.
Fortschrittsgläubig aus dem Geist der Zeit.

Die einzige gepflasterte Straße ist gesäumt von kleinen Läden. Handwerker und Kaufleute leben darin und in den dahinterliegenden dunklen Stuben.
Die Straße ist voller Pferdefuhrwerke; hie und da eine Kutsche. Hie und da Fahrräder oder ein Daimlerwagen. Sie sehen wie Ungetüme aus.
Herren schreiten einher, Rücken gerade, immer wieder den Hut schwenkend: Dann fährt eine Droschke vorüber oder bewegen sich sachte die Vorhänge in einer ersten Etage.
Mägde mit geschürzten Röcken, beladen mit Einkaufskörben. Lehrjungen, die es eilig haben. Offiziere hoch zu Roß in leuchtenden Uniformen.

Dazwischen Kinder. Geschickt jagen sie ihren Bällen nach, die zwischen die Pferde gerollt sind, peitschen auf den Gehsteigen die Holzkreisel, rennen hinter großen Reifen her.
Am Stadtrand ziehen sich die Kasernen hin, umgeben von Tarnwäldchen, und alte Festungswälle.
Daneben liegen niedrige Fabrikgebäude aus verrußtem Backstein. Kleine Häuschen: Erste Anfänge sozialer Initiativen kluger Unternehmer.
Dann der Sportplatz mit Biergarten, Kegelbahn und Schießhaus. Ein wenig weiter draußen, umgeben von jungen Grünanlagen, der neue Tennisplatz.
Auf Anregung des jungen Goldschmieds Max Keller, der seine Gesellenjahre im Norden verbracht hat, ist er kürzlich eröffnet worden. Eine exklusive Angelegenheit.
Sogar die Honoratioren der reichen alten Nachbarstadt reisen an in ihren Kutschen, die Offiziere zu Pferde, um sich in dem modischen Spiel zu üben. Die Damen schauen zu, langweilen sich nach Gewohnheit und hüten ihre Töchter. Diese sind hingerissen vom Körperspiel der ballschlagenden jungen Männer.
Podium bürgerlichen Wohlstands unter freiem Himmel.
Schon verweigern die ersten jungen Mädchen den Sonnenschirm. Sonne gewinnt an Wert. Bald bewegen auch sie sich in langen, weißen Röcken und versuchen es mit dem Spiel.

Max Keller fasziniert alle. Er kannte sich schon aus in diesem Sport, als er in die Heimat zurückkam. Er ist unbestritten der beste Spieler. Ein schöner Mann, Anfang Dreißig, mit sicheren, maßvollen Bewegungen und munteren Reden. Alle schätzen seine Unterhaltung, denn sie ist voll naiver Freude an den eigenen Erlebnissen in der Fremde. Voll Freude über die eigenen Erfolge. Seine Naivität entwaffnet den Kritiker, der ihn sonst eitel nennen würde.

»Er ist ein Künstler«, flüstern sich die Damen zu.
»Nicht nur im Tennis. Er zeichnet und malt!«
»Oh, und er schafft die entzückendsten Gebilde aus Silber und Gold!«
»Sehen Sie hier, meine Liebe, das Collier am Hals der Frau General! Es ist von ihm gearbeitet. Muß, nebenbei, ein Vermögen gekostet haben!«
»Frau Kommerzienrat Müller trägt eine Kamee. Er soll sie selbst entworfen und angefertigt haben. Ein edler Kopf, römisch.«
Alle bewundern Max Keller.
Er besitzt das einzige Juweliergeschäft der kleinen Stadt. Aber er freut sich nicht daran. Er hat es jung übernehmen müssen nach dem frühen Tod seines Vaters. Für ihn ist es ein Hemmschuh. Er hat Bildhauer werden wollen. Nun binden ihn der Laden und die gestrenge Mutter.
Ausgleich für Versagtes findet er im Sport. Er hat Kameraden gefunden, reiche Söhne alter Familien. So mancher aus den traditionsbewußten höheren Kreisen der Nachbarstadt ist darunter. Mit ihnen zusammen durchforscht er unbekannte und gefährliche Pfade der Alpen. Sie laufen auch Ski. Aber sein Lieblingsort ist der Tennisplatz, den er geschaffen hat. Denn hier ist er anerkannt von einer Welt, die ihm sonst verschlossen ist.
Hier vergißt er den mütterlichen Alltag.
Die Töchter der angesehenen Provinzler seines Städtchens vergöttern ihn. Er wäre für sie alle eine »Partie«.
Aber er sieht sie nicht. Er verfolgt die Flugbahn des weißen Balles über dem roten Sand. Drüben, auf der anderen Seite, steht eine Gruppe fremder junger Damen. Dort erblickt er sie.

Ihr junges Gesicht ist von pechschwarzem Haar umrahmt, aus dem zwei dunkle Augen blicken, ernst und immer etwas er-

staunt. Von der zarten Gestalt geht eine fremdartige Anmut aus.
Die andern Mädchen unterhalten sich, lachen, ein paar flirten heimlich und von ferne mit den jungen Männern. Auch mit ihm versuchen sie's. Aber er ist gefangen von dem ernsten Blick, mit dem ein Paar dunkle Augen auf ihm ruhen.

Er weiß, daß die private Welt jener flirtenden Mädchen aus den alten Familien der Nachbarstadt ihm, dem Kleinstädter und Handwerker, verschlossen ist. Die Stände sind fest gefügt, die Wege vorgezeichnet.
Doch wie er sie wieder anblickt, ist ihm die unerreichbare Ferne einer in alte Ordnung gebundenen Oberschicht plötzlich in warmes, mildes Licht getaucht. Denn sie, von der er nicht wegsehen kann, ist ihr stiller Abglanz.

Sie aber ist bezaubert von ihm.
Sie lebt noch nicht lange in dieser Stadt drüben. Sie fühlt sich fast so fremd darin wie ihre Mama. Aber auch der Papa ist in den langen Jahren der Abwesenheit von seiner Heimat dort ein Fremdling geworden. Er ist als Kaufmann weit herumgekommen in der Welt, hat lange Jahre auf Rhodos gelebt und dort eine Griechin französischer Herkunft geheiratet. Ihre hugenottischen Vorfahren waren einst auf diese Insel verschlagen worden.
Als Rentier ist er nun heimgekehrt in seine Vaterstadt mit der fremden Frau und der Tochter.
Anna Meinert und ihre Mama fühlen sich recht einsam in der neuen Umgebung. Sie leiden unter der Kälte des Winters. Sie leiden unter dem kaum verhüllten, neugierigen Mißtrauen, das den Schwaben gegenüber Fremden eigen ist.
Darum ist sie scheu und zurückhaltend und sucht lange keinen Anschluß. Aber um der Tochter willen sucht Ernst Meinert

dann doch die notwendigen Verbindungen zur guten Gesellschaft.
Die besteht aus untereinander verschwägerten Stadtgeschlechtern und aus Industriellen, die in den achtziger Jahren groß geworden sind. Auch aus Offizieren. Städte und Städtchen dieser süddeutschen Gegend sind reich an Kasernen.
Anna wird auf Offiziersbälle eingeladen und zu exklusiven Hausgesellschaften. Sie staunt über die Eigenheit der Schwaben: Nach dem anfänglichen Mißtrauen bestürzt sie die unbeholfene, oft schwer erkennbare Herzlichkeit.
Noch mehr wundert sie sich darüber, daß Reichtum so ängstlich hinter Hausbackenheit verborgen wird. Schönheitssinn hinter Prunk oder Nüchternheit. Sie bleibt eine Fremde und fühlt sich einsam.
Sie wird von einer Offiziersfamilie zu einer Landpartie eingeladen. Dabei besucht man auch den kleinen Tennisplatz. Er gilt als etwas Neues in der Gegend und wird deshalb oft zum Ausflugsziel. Ein paar bekannte Offiziere spielen selbst. Auch Anna versucht es. Es gefällt ihr, sich im Freien zu bewegen.
Da erblickt sie ihn.
Sie kann nicht mehr wegschauen, obwohl sie weiß, daß sich das nicht schickt.
Es ist für sie nicht schwierig, Näheres über Max Keller zu erfahren.
Hier an diesem Ort, der sein eigenster ist, kennt ihn jeder. Aber sie fühlt bald schon, daß hinter der glänzenden Fassade dieses Alleskönners eine gewisse Schwermut verborgen ist. Sie weiß darum, noch ehe er mit ihr gesprochen hat.
Da weiß sie, daß sie ihn liebt.

Mit der Sicherheit Liebender suchen und finden sie einander. Max fühlt sich der Alltäglichkeit seines Daseins entrückt durch die Begegnung mit dieser jungen Fremden. Anna aber hat bald den Grund seiner verborgenen Schwermut entdeckt: Sie sieht in ihm den verhinderten Künstler. Den Adler mit beschnittenen Flügeln.

Max wird die erste große Liebe in Annas Leben.

Es fällt ihr leicht, aus den abgestandenen Kreisen ihrer Vaterstadt herauszutreten. Sie vertraut allein ihrer Liebe und ihrer gemeinsamen Kraft. Und seiner Begabung.

Ihre Eltern sind alt und müde. Und – wer hört schon auf Eltern, wenn er sich seiner Liebe gewiß ist?

Sie scheut kein Hindernis. Nicht strenggläubig, aber absolut protestantisch erzogen, nimmt sie den Katholiken.

Sie sieht den Laden, das Hinterstüble, die Schwiegermutter. Sie spürt die stolze Reserviertheit dieser Frau. Sie sieht, wie der Sohn von der Mutter bewundert wird, auch wenn es keine Worte dafür gibt. Mit Worten, die übers Alltägliche hinausgehen, ist man karg in diesem Haus.

Fürchtet sie sich?

O ja, sicherlich. Auch hier ist ihr alles so fremd.

Aber sie glaubt fest, daß das Neue stärker sei als das Alte.

Hinter ihrem stillen Äußeren verbirgt sich viel Revolutionäres und Ungebärdiges und eine tiefe Abneigung gegen alles Festgefahrene. Alles würde anders werden, wenn sie es wollten.

Im Herbst wird die Ehe geschlossen.

Doch zuvor mußte der Goldschmiedemeister Max Keller seinen künftigen Schwiegereltern, dem Handelsherrn Ernst Meinert und seiner Frau Irina, geb. von Boisée, in die Hand hinein versprechen, daß seine junge Frau den dunklen Laden nie betreten müsse. Ihre Tochter gehöre nicht hinter den Ladentisch eines kleinen Provinzgeschäfts. Max Keller hat es ehrlichen Herzens versprochen. Denn er fühlt sich hier selbst nicht am rechten Platz. Seine Kirche exkommuniziert ihn wegen der protestantischen Trauung. Seine Mutter, eine fromme Frau, bleibt tolerant. In diesem Punkt.

Die beiden haben große Pläne.
Sie wollen rasch die Kleinstadt verlassen und irgendwohin gehen, wo Max seine künstlerische Begabung fördern könnte. Mit Annas Vermögen könnte man ein Geschäft in der großen Welt gründen.
Anna liebt die moderne Literatur. Sie wird geistreiche Zirkel gründen, mit Künstlern und Literaten. Sie hat Ibsen gelesen und Strindberg und den frühen Thomas Mann. Sie freut sich, nun den geliebten Mann in ihre geistige Welt einführen zu dürfen.
In den »Buddenbrooks« sind heute noch seine Randbemerkungen zu finden: »Blöde! – Unmöglich! – Überspannt! – Hier kann ich beim besten Willen nicht weiterlesen . . .«
Die Aussteuer ist elegant und geschmackvoll. Den Schreibtisch fürs Eßzimmer läßt Anna extra anfertigen, so breit, daß sie gemeinsam daran sitzen und schreiben könnten. Was der eine tut, das tu' auch der andere . . .
Wunschtraum einer Achtzehnjährigen?
Doch was Anna mit ihren achtzehn Jahren nicht wissen kann, das muß sie rasch nach ihrer Heirat ratlos erfahren: Ein zweiunddreißigjähriger Mann hat längst seine festen Lebensgewohnheiten. Er lebt seine Abende weiter, wie er es gewohnt ist, mit Freunden, beim Tennis, Skat und Kegeln. Für Bergtouren, wie er sie liebt, ist sie nicht geübt. Erwartet auch gleich ihr erstes Kind.
»Es ist nicht so schlimm, wenn du nicht mitkannst«, sagt er.
Bald weiß sie, daß sie viele lange, einsame Abende und öde Sonntage geheiratet hat. Sie verbirgt stolz ihren Kummer vor den Eltern. Sie verteidigt Max gegen die geringste Kritik, lange auch gegen ihre eigene. Sie erwartet ja das Kind und freut sich drauf.
Tagsüber ist er launisch. Denn die Schwermut, die Anna im Anflug der ersten Liebe aus ihm herausgefühlt hat, läßt ihn seinen Nächsten gegenüber mürrisch und heftig erscheinen.

Sie ist keine erfahrene Hausfrau. Sie muß bei der Schwiegermutter das Kochen erlernen. Die Mahlzeiten dürfen in nichts vom Gewohnten abweichen. Sie lernt es gern und leicht. Aber sein barscher Ton verletzt sie immer wieder neu.
Beide lieben sich sehr. Aber jeder eben, wie er es vermag.

Der Erste Weltkrieg hat auch in dieser Ehe vieles verändert. Er hat zum Beispiel das unsinnige Versprechen des einstigen Bräutigams, seine Frau dürfe nie den Laden betreten, für alle Zeiten außer Kraft gesetzt. Sie wird die Seele, die Fürstin des Geschäfts.
Der Krieg, der über die junge Ehe hereingebrochen ist, löst die Probleme nicht, sondern verdrängt sie gefährlich. Der Krieg reißt auseinander. Auch über die weltfremden Vorstellungen einer sehr jungen Auslandsdeutschen und das eingefahrene Junggesellentum eines zu viel bewunderten Kleinstädters hinweg hätten die beiden noch zueinanderfinden können. Doch der Krieg läßt ihnen keine Zeit.
Und er reißt nicht nur auseinander.
Er verschiebt auch die Akzente auf unselige Weise.
Trennung. Doppelte Moral für den Mann. Die Uniform und das Leben im Feindesland lösen ihn aus den Gesetzen des Alltags heraus. Kriegsbrauch . . .
Anna, von Angst gepeinigt um das Leben des geliebten Mannes, wird seiner Untreue mehr ahnend gewahr. Sie könnte verzeihen, wenn sie auch zu jung ist, um verstehen zu können. Aber er begreift nicht, wie sehr er sie verletzt hat.
So hat der Krieg Wunden geschlagen, die schlimmer sind als äußere, weil sie zunächst einmal nicht beachtet werden. Und weil sie, verdeckt hinter dem Bemühen um äußere Haltung, immer wieder aufbrechen können in den drückenden Sorgen der Nachkriegszeit und der Inflation. Daran ändert auch nichts die Verantwortung für zwei kleine Kinder. Anfang des Kriegs

wurde Andreas geboren, drei Jahre später kommt Irene zur Welt.
Max bleibt auch nach seiner Rückkehr in die Heimat zuerst der Sohn einer tüchtigen Mutter. Sie beherrscht Wohnung und Laden. Ihre nüchterne Kargheit hat schon den Knaben gehindert, sein Gemüt voll zu entfalten. Obwohl er ihr Abgott ist, hat sich keine wirkliche Sprache zwischen ihnen entwickeln können. Vielleicht auch gerade deshalb. Da muß auch die Liebe zu seiner jungen Frau unterentwickelt bleiben. Er kann die Mühsal des Alltags nur aushalten, wenn er Angst um sich verbreitet. Doch Angst, Beschämung und Kränkung lassen die alten Wunden, die nicht heilen können, immer wieder aufbrechen. Sie verursachen furchtbare Krisen, Auflehnung und Resignation. Und doch gibt es wohl auch immer wieder gute Stunden, neue Hoffnung. Denn 1926, acht Jahre nach Irene, komme ich zur Welt.
Es ist eine andere Welt als jene, in der diese Ehe geschlossen wurde.

Ringe ums Dasein

Ich bin ich. Ich heiße Cornelia. Nela sagen sie zu mir, die Großen. Alle um mich herum sind groß. Nur ich bin klein. Ich bin sehr klein in einem großen Raum. Er heißt die Diele. Aber er hat nichts gemeinsam mit der Diele meiner ersten Erinnerungen. Jene Diele war klein und hell und voll Traulichkeit. Diese hier ist groß und düster, voll geheimnisvoller Winkel und mit einem schwarzen Gang ins Hinterhaus. Ein einziges Fenster zum Hof vermittelt einen kleinen hellen Platz. Er ist wie eine Insel in einem See voll düstrer Ungewißheit, und in

der Mittagssonne ist er eine Insel aus Gold. Dort steht der Eßtisch.
Ich bin allein. Ich habe die Arme um die eichene Säule geschlungen, die den Fußboden mit der Decke verbindet, die sich weit über mir im ungewissen Dämmer verliert.
Wenn ich die Säule umfasse, fühle ich mich sicher. Ich fühle, daß ich ich bin. Ich bin geborgen, obwohl die Wände dieser Diele fern und düster sind. Aber die Säule gibt mir Halt, der sonnige Fleck Wärme.
Plötzlich aber ist etwas geschehen. Ich kann erst darüber nachdenken, als es schon ein paar Augenblicke so ist. Da war ein Geräusch. Schritte näherten sich der Wohnungstür. Sie sind in festem Gleichmaß die lange, gerade Treppe heraufgekommen. Dann klingelt ein Schlüsselbund, ein schwerer Hohlschlüssel wird rasch und heftig im Schloß gedreht. Gleich würde die Tür aufspringen. Ich drücke mich fest an die Säule, denn es ist auf einmal sehr kalt. Ich fühle die Wolke um mich wachsen, seit die Tür mit lautem Knall wieder zugeschlagen ist. Mich friert, und in meiner Brust sitzt ein Kloß.
Aber meine Füße laufen geübt und gehorsam dem Papa entgegen. Ich weiß, daß es nun halb ein Uhr ist und wir uns gleich an den Eßtisch setzen werden.
Hier finden sich die zusammen, die den ersten Ring um mein Dasein bilden. Neben mir ist Mama. Mich friert nicht mehr. Ich weiß nicht, wie sie hergekommen ist an den Tisch. Sie ist einfach da. Hinter Mama taucht Irene auf. Sie wirft atemlos die Schulmappe neben die Kommode, schaut rasch in den Spiegel neben der Tür und huscht leise an meine Seite.
Nun sitzen wir alle. Liese erscheint aus dem schwarzen Gang heraus mit der Suppenschüssel. Ihr Gesicht ist rot und feucht vom Dampf, und ihr hohes Haarnest schimmert in dunklem Glanz. Ich denke darüber nach, ob die Großen über Liese

gesagt haben, sie sei ein Perle, weil ihr Gesicht und ihre Haare so glänzen. Aber ich kann nicht zu Ende denken.
»Iß doch endlich«, höre ich Papas Stimme. Das gilt mir. Ich spüre den Kloß in meinem Hals. Ob ich wohl ein wenig an dem Kloß vorbei hinunterwürgen kann?
Es geht, und er merkt's auch nicht, denn er kostet selbst die Suppe, prüft, ob sie gut ist. Mama zittert ein wenig. Sie hat dann immer eine ganz weiße Nase. Liese, die doch die Suppe gekocht hat, ist schnell wieder in die Küche gegangen. Aber Papa ist heute zufrieden. Er schlürft mit Genuß. Nun kann ich auch essen.
Mama klingelt nach dem zweiten Gang. Papa wartet. Da fällt ihm Irenes Englischnote ein. »Na, wie steht's damit?«
Reni will etwas erklären. Aber sie stottert nur und bringt das, was sie sagen will, nicht heraus.
»Schweig!« donnert er sie an.
Es ist wieder sehr schwierig, die Suppe zu schlucken. Der Kloß im Hals wächst immer, wenn er »schweig« sagt. Mein Blick bleibt an der Eichensäule haften. Mama berührt sanft meine Hand. Da kann ich wieder schlucken.

Wenn Reni mit mir allein ist, ist sie für mich schon groß. Dann muß ich ihr gehorchen. Sie schläft mit mir zusammen im Kinderzimmer. Sie hat einen kleinen Handspiegel. Den klemmt sie ins Fensterkreuz und setzt sich davor und macht dann an ihrem Gesicht herum.
Ich möchte so gerne, daß sie mir aus meinem Bilderbuch vorliest. Aber sie hat keine Lust und schickt mich weg. Ich soll malen, sagt sie. Aber ich will nicht immer mit den Farbstiften malen, die so leicht abbrechen. Ich brauche einen Pinsel. Auf Renis Nachttischchen finde ich einen. Er ist im Deckel eines kleinen Fläschchens festgemacht und steckt in einer rosa Flüssigkeit. Vorsichtig schraube ich auf. Mit dem Rosaroten aus

dem Fläschchen läßt sich wundervoll malen, und der Duft berauscht mich. Sogar kleben kann man damit. Ich verarbeite ein paar von Renis auf dem Tisch herumliegenden Schulheften zu einem Haus. Reni bemerkt es erst, als die ganze rosa Flüssigkeit aufgebraucht ist.

»Mein Nagellack!«

Sie ist sehr stark, und ihre Schläge tun weh. Ich muß weinen und laufe davon, aber sie fängt mich schnell. Ich wehre mich, stampfe und schreie, doch sie schleppt mich dorthin, wo ich immer hinkomme, wenn ich etwas angestellt habe. Ich muß ins ›Kaf‹. Das ist ein ganz finsterer Abstellraum hinter der dunkelsten Ecke der Diele. Hinter mir wird der Riegel vorgeschoben. Weil ich mich sehr fürchte, brülle ich noch lauter und boxe mit den Schuhen an die Tür. Das hilft ein wenig. Weil die Tür dennoch verschlossen bleibt, wende ich mich dem Schuhregal zu. Es tut gut, alle Schuhe herunterzureißen. Der Berg um mich wächst. Endlich setze ich mich wimmernd obendrauf.

So finden sie mich später. Jetzt ist Mama wieder da und nimmt mich in ihre Arme. Reni und Liese müssen die Schuhe aufräumen. Ich höre Liese schelten: »Wenn dees mei Kind wär . . .«

Manchmal kommt der große Bruder Andreas heim. Er wohnt in einer andern Stadt und wird ein Goldschmied wie Papa. Er malt auch viele bunte Bilder wie Papa. Einmal malt er mich. Da muß ich ganz still sitzen. Es ist sehr schwierig, gar nichts tun zu dürfen. Aber er hat eine schöne Geschichte für mich bereit, die er mir nebenher erzählt. Ich liebe den großen Bruder sehr. Nur wenn Papa hinter ihn tritt und mit einem Pinsel in dem Bild herummalt, das doch der Andi so schön gemalt hat, muß ich mich fürchten. Denn dann bekommt der Bruder, der gerade noch eine sanfte, geheimnisvolle Stimme gehabt hat, eine sehr böse, laute, und die von Papa wird noch lauter, und dann schlägt Andi die Tür heftig zu und geht fort.

Wenn er heimkommt, ist er immer sehr lieb zu mir, wirft mich hoch und macht viele lustige Späße. Aber wenn er geht, ist er nie lustig, und meist wirft er dann die Tür zu.

Am allerliebsten aber habe ich Mama. Jeden Morgen, wenn Papa und Reni schon fort sind, ist sie bei mir. Nur ein kleines Weilchen, denn dann muß auch sie ins Geschäft gehen.
Ich bleibe allein zurück in Lieses Obhut. Das muß eben so sein.
Aber jeden Morgen ist der Abschied von ihr neu und schmerzlich.
Ich nenne sie Lili, das klingt für mich lieber als Mama, und dieser Name gehört mir ganz allein.
Ich stehe oben an der Treppe, sie ist unten an der Haustür und winkt mir noch einmal.
»Adieu, adieule, adieuli, adieulilili!«
Mit der Zeit weine ich nicht mehr, wenn sie geht. Aber die Abschiedsszene ändert sich nicht.
Einmal geht sie fort ohne Abschied. Vielleicht hatte sie's eilig.
Vielleicht hat sie mich nicht gefunden. Als ich's merke, bin ich völlig außer mir. Schreiend renne ich die Treppe hinter, zum Haus hinaus, renne brüllend durch die Straßen.
»Lilililililililililili . . . «
Trotzdem höre ich nebenher, wie die Nachbarn sich entsetzen, höre: »Wenn dees mei Kind wär . . . «
Aber ich renne weiter, hole sie kurz vor dem Geschäft ein und bin fassungslos, daß ich nun auch von ihr Schläge bekomme.
Am nächsten Tag darf ich mich wieder von ihr verabschieden.
Ich stehe in der großen Diele und halte mich an der Säule fest.
Als Liese an mir vorbeigeht, verkünde ich ihr: »Wenn Lili stirbt, eß ich Gift.«
Dieser eben einsam geborene Gedanke erfüllt mich mit Trost.
Ich bin nun vier Jahre alt.

Ich weiß nun, daß ich einsam bin. Die Liese hat immer viel Arbeit und muß oft laut schelten.

Da trete ich vorsichtig heraus aus dem engsten Ring, der mein kleines Dasein umschließt. Als ich hinter Lili hergerannt bin, habe ich ein wenig von den Menschen draußen wahrgenommen. Nun möchte ich mich noch einmal umschauen. Liese hat es erlaubt, wenn ich brav auf dem Platz bleibe.
Der Platz heißt Lindenhof. Er ist still und voll Sonne, und manchmal zieht ein Pferdefuhrwerk vorbei. Nicht weit von hier, dort, wo das Geschäft ist, sind die breiten, lärmenden Straßen der großen Stadt, in die wir nach Großmamas Tod umgezogen sind. Auf dem Lindenhof aber gibt es wunderschöne Bäume und ein paar Bänke und viele, viele Tauben. Sie hüpfen mir nach, wenn ich ein Stück Brot in der Hand habe.
Hier finde ich meine Vormittagsfreunde. Gleich schräg gegenüber unserer Haustür ist ein kleiner Kolonialwarenladen. Er gehört Frau Helbrich. Sie trägt immer ein graues Kleid und eine weiße Schürze, hat hellblondes Haar, das ihr in vielen kleinen Locken ums Gesicht steht, und sie hat sehr liebe Augen. Ich besuche sie gern, denn bei ihr gibt es tausend interessante und verlockende Dinge zu sehen. Vorn auf dem Ladentisch stehen drei dicke Bonbongläser mit grünen, roten und braunen Bonbons. Ich verschlinge sie mit den Augen. Aber ich weiß, daß man nicht betteln darf. Also muß ich mir jeden Tag einen neuen Satz ausdenken, in dem solch ein Glas erwähnt wird. Etwa: »Meine Schuhe sind heut genauso braun wie die Malzbonbons.«
Das funktioniert. Schon kommt die erwartete Frage: »Willst ein paar?«
»Ich weiß nicht . . .«
Unten in dem Haus, in dem wir wohnen, gibt es auch einen kleinen Laden. Da kann man Gummibänder, Nadeln und Garne kaufen, ein wenig Wolle und Schürzenstoffe, auch Strümpfe und rosarote Unterröcke. Manchmal schenken mir die Be-

sitzerinnen, zwei ältere Damen, ein Musterbüchlein von ihren bunten Stoffen. Sie heißen Esther und Sara Liebel. Mama hat gesagt, sie wollten nicht durch Kinder gestört werden. Deshalb getraue ich mich nicht allein in ihren Laden hinein. Ich getraue mich auch nicht, sie um ein paar alte Kartons zu bitten, die sie im Hof hinten in einem offenen Schuppen gelagert haben. Ich werfe oft sehnsüchtige Blicke hinüber zu diesen Reichtümern, aus denen ich so viel machen könnte, aber ich kann einfach nicht fragen, und ein Drumherumreden nützt hier nichts. Daheim wird über Liebels nie gesprochen. Sie sind einfach da, waren es schon immer, unten im Laden und oben in der Wohnung im zweiten Stock. Auf der Treppe begegnen wir ihnen selten.

Aber gleich nebenan bin ich häufiger und gerngesehener Gast. Da ist ein winziger Laden, der zugleich auch eine Werkstatt ist. Ich steige drei hohe Stufen hinab in einen kühlen Raum, in dem das Fenster bis zum Boden reicht. Herr Lot sitzt den ganzen Tag an diesem Fenster und flickt Schuhe. Manchmal macht er auch neue. Seine Tochter, bei der ich mich wundre, daß sie eine Tochter ist, denn sie ist schon sehr alt, sitzt im Hintergrund an einer riesigen Nähmaschine und näht Lederteile zusammen. Herr Lot kommt mir uralt vor. Weil er einen Buckel hat und gebückt geht, halte ich ihn für einen Zwerg. Aber er ist ein lieber Zwerg. Ich darf mich auf einen niedrigen, dreibeinigen Hocker neben ihn setzen und ihm bei der Arbeit zuschauen. Meist schlägt er kleine Holznägel in Schuhsohlen, oder er zieht einen Faden durch einen Knollen, der schwarz ist und glänzt und den ich nie anfassen darf. Denn sonst bekäme ich so schwarze Hände wie er. Aber ich ziehe genüßlich den strengen Lederduft durch die Nase und betrachte neugierig die verschiedenen Beine und Schuhe durchs Fenster. Wenn das langweilig wird, unterhalte ich den alten Mann mit selbstgedichteten Geschichten, die ihn sehr zu interessieren scheinen,

denn er möchte immer wissen, wie es noch weitergeht. Wenn Kunden kommen, studiere ich wieder die Beine draußen.
Seit ich Vormittagsfreunde gefunden habe, vergehen mir diese Stunden viel rascher. Nur wenn zu Frau Helbrich andere Leute kommen, Frauen mit dicken Einkaufstaschen, und diese anfangen, mit Frau Helbrich über mich zu reden, drücke ich mich scheu zur Ladentür hinaus. Manchmal haben diese Kundinnen auch ein oder zwei Kinder an der Hand. Die sind so groß wie ich und starren mich an, ohne etwas zu sagen. Sie halten sich fest am Rock der Mutter, und manchmal schneidet mir das eine oder andere ein unfreundliche Grimasse. Ich fürchte mich vor ihnen mehr als vor den Großen, deren Gerede mir nur unangenehm ist.
Eines Nachmittags nimmt mich Mama an der Hand und führt mich, als sie ins Geschäft geht, hinunter auf den Lindenhof. Da ist es nun gar nicht mehr so still. Überall sind Kinder. Ein paar kleine kenne ich aus Frau Helbrichs Laden. Aber da sind auch größere. Sie lärmen, jagen einander, balgen sich. Alle sind barfuß und sprechen eine Sprache, die ich nur schwer verstehen kann. Wenn Frau Helbrich oder Herr Lot mit mir sprechen, kann ich sie immer verstehen.
Mama sagt etwas zu den größeren Mädchen, denn sie möchte, daß ich mit ihnen spielen darf. Ihre Gesichter werden sofort freundlich, sie ergreifen eifrig meine Hand, und eine macht vor Mama einen Knicks. Ich spüre, daß ich hier nicht einfach Lili zu Mama sagen kann, und kümmre mich nicht um ihr Weggehen. Nun umringen mich alle Kinder neugierig. Die Mädchen zeigen mir ihre Spiele: Dornröschen war ein schönes Kind – machet auf das Tor – vierzehn Engel fahren . . .
Ich lerne sie rasch und mache begeistert mit, zumal ich mich gut für die Rolle des Dornröschen oder Mariechen-auf-einem-Stein zu eignen scheine. Auch das Hüpfspiel in den Feldern, die mit Kreide auf das Pflaster gemalt sind, gefällt mir, wenn ich mich auch recht ungeschickt anstelle. Die Mädchen streiten

sich manchmal darum, wer mich hüten darf. Dann rufen sie sich Worte zu, die ich nicht verstehe. Später lerne ich diese Worte auch, aber ich weiß, daß es Gassenworte sind und daß ich sie daheim nicht sagen darf.
Draußen spielen heißt bei diesen Kindern: »Auf die Gaß gehen.« Ich gehe gerne auf die Gaß und weine eigensinnig, weil ich nicht, wie sie, barfuß gehen darf.
Doch gibt es hier auch Schlimmes für mich. Die großen Buben merken sehr schnell, daß hier ein Herrschaftskind sehr allein ist. Sie lachen bald nicht mehr heimlich, sondern laut über mich. Über meine Sprache, meinen Namen. Sie dichten endlose Reime darauf und rufen sie im Chor: »Nele Bele Schnele Tele Kamele Kamele!«
Ich schreie und tobe, was ihnen großes Vergnügen bereitet, aber sie sind nicht zu fassen, weder von den Mädchen noch von Liese, die manchmal oben das Fenster öffnet und gewaltige Schimpfkanonaden über die Bösen ergießt. Dabei bemerke ich, daß sie sehr wohl in der Gassensprache reden kann.
Ich selbst nehme lieber all den Ärger mit den Buben in Kauf, als auf die Spiele auf der Gaß zu verzichten. Ich spüre auch, daß ich, bei allem Spott, hier nicht nur so ein kleines Nichts bin wie bei den Großen daheim. Hier bin ich etwas Besonderes, und das genieße ich.
Dieses Gefühl verstärkt sich noch, als ich mit der Zeit unter den Gassenkindern einen kleinen Freund gewinne, der für mich auch an den Vormittagen verfügbar ist. Er heißt Paule, und er vermittelt mir ein berauschendes Gefühl: Er ist nämlich erst drei, und ich bin schon vier. Es ist das erste Mal in meinem Leben, daß jemand da ist, der kleiner ist als ich. Über ihn kann ich herrschen. Er muß immer tun, was ich sage.
Mit Paule treibe ich manchmal Spiele, die gewiß verboten sind. Das fühle ich. Wir spielen oft »krank«. Ich bin die Mutter und muß ihm Fieber messen. Dabei muß er sich auf

den Sims eines Schaufensters knien und mir den Popo entgegenstrecken. Erst aber betrachte ich ihn. Denn er hat da vorne so ein kleines, interessantes Schwänzchen, das ich noch nie gesehen habe. Er läßt es mich nie anfassen, so muß ich mich mit Fiebermessen begnügen und es dabei manchmal mit dem Blick erhaschen. Weil wir bei dieser Prozedur beide dem Gehweg den Rücken zukehren, glaube ich, daß niemand uns sehen könne. Aber seltsamerweise macht es Reni, die gerade aus der Schule kommt, gar keine Schwierigkeiten, uns zu entdecken.

Daheim gibt's große Aufregung.

»Sie wollte Paule den Popo putzen«, berichtet Reni voll Abscheu. Ich schweige und geniere mich und lasse mir in allen Variationen des Entsetzens beteuern, daß dies ein »wüstes Spiel« sei. »Nie mehr . . .« Wenn nun bei mir die Neugier größer ist als die Angst vor dem Verbot, suche ich mir bessere Verstecke. Das bedeutet, ich muß dann vorsichtig sein, wenn unangenehme Fragen kommen, was ich denn heute alles gemacht hätte . . .

Der Ring um mein Dasein, der nun auch Lindenhof heißt, ist voll Abenteuer. Aber es ist gefährlich, mit ihnen umzugehen, und es macht einsam, sie allein für sich zu behalten.

Da höre ich Stimmen im Eßzimmer und in der Küche. Sie gehören zu keinem aus der Familie. Aber sie gehören zur Wohnung.

Im Eßzimmer knien Liese und Frau Weber auf dem Fußboden und spänen das Parkett. Frau Weber kommt jeden Freitag zu uns und hilft Liese beim Putzen. Manchmal ist sie auch noch in der Waschküche, dann höre ich ihre etwas schrille Stimme aus dem Dampf heraus.

Einmal kann ich der Versuchung nicht widerstehen, ich muß mich auf Frau Webers Rücken setzen, als sie spänt. Auf Andi darf ich auch oft reiten, dann ist er das Pferd. Aber Frau Weber ist nicht Andi, und sie ist auch kein Pferd. Sie macht eine heftige Bewegung und wirft mich ab, und dann sieht sie mich so an, daß ich Angst bekomme. Dann murmelt sie etwas Unverständliches, aber es klingt nicht freundlich.

Ich fliehe in die Küche. Da sitzt Herr Weber. Er ist gekommen, seine Frau abzuholen, und muß noch warten. Ich halte mich gern in seiner Nähe auf, denn er weiß oft sehr lustige Späße zu erzählen. Auch wenn aus seinem Mund ein interessanter Geruch strömt, auch wenn ich weiß, daß Mama es nicht gern hat, wenn ich bei ihm sitze.

»Warum soll ich nicht in die Küche, wenn Frau Webers Mann drin ist?« habe ich Mama gefragt.

»Weil er trinkt.«

»Aber alle Leute trinken doch. Wir auch. Darf man das denn nicht?«

»Nein, er trinkt Bier und Schnaps. Und dann redet er lauter dummes Zeug.«

»Aber es ist sehr lustig, was er sagt. Einmal hat er mir eine Geschichte erzählt, in der sind alle reichen Leute ohne Köpfe herumgelaufen, und weil sie keine Köpfe mehr hatten, konnten sie auch nichts sehen und so auch nicht sehen, was für schöne Kleider und Häuser sie alle hatten. Ich habe die Augen zugemacht beim Gehen und es ausprobiert, und dann wußte ich auch nicht, wie die Leute neben mir aussahen. Das war sehr komisch.«

»Das ist doch alles dummes Zeug. Das darf er kleinen Kindern nicht erzählen. Spiel du lieber in deinem Zimmer.«

Aber da ist Irene drin mit einer Freundin, und die können mich auch nicht gebrauchen.

Da schleiche ich mich zur Küche zurück. Ich möchte Herrn Weber gern trinken sehen und spähe heimlich durch den Türspalt. Zu meiner Enttäuschung trinkt er gar nichts. Er

redet auch nicht, denn er ist allein. Er liest. Ich schlüpfe in die Küche.
»Liest du mir die Geschichte vor?« bettle ich.
Da beginnt er laut zu lachen, und ich erschrecke ein wenig, denn es ist ein Lachen, das noch unfreundlicher klingt als das, das bei Frau Weber so böse geklungen hat. Dann sagt er: »Ich lese von vielen armen Brüdern, die hungrig sind.«
»Warum essen sie nicht?«
»Sie haben kein Geld.«
»Warum haben sie kein Geld?«
Da lacht Herr Weber wieder, und diesmal ist es noch schrecklicher. »Tja, siehst du, das ist so bei den meisten Leuten auf der Welt. Sie bekommen erst Geld, wenn sie arbeiten.«
»Arbeitest du denn auch?«
»Ja – ich möchte schon arbeiten, aber nirgends gibt es Arbeit für mich. Niemand möchte mich haben.«
Das kann ich nicht verstehen. Ich muß nachdenken. Da fällt mir etwas ein.
»Bei Herrn Lot gibt es immer so viele Schuhe zu flicken. Der hat Arbeit für dich.«
Herr Weber lacht wieder.
»Ach, der arme Teufel hat doch selbst kaum was zu essen. Der kann mich doch nicht bezahlen!«
»Hast du denn auch nichts zu essen?«
»Nicht viel. Wir haben nur das Geld, das die Frau von der Arbeit heimbringt. Das ist wenig genug.«
»Dann weiß ich, warum du wenigstens trinkst«, meine ich.
Nun lacht er wieder. Er kann gar nicht aufhören damit. Dabei sieht er mich böse an.
Ich bekomme Angst und renne davon.
Herr Weber ist nicht mehr in unser Haus gekommen. Bei den Großen höre ich, daß er seine Frau verlassen habe. Später höre

ich im Zusammenhang mit Webers zum ersten Mal das Wort Kommunisten. Und Heuberg*.
In dem Ring fremder Menschen, die zu unserm Leben daheim gehören, fühle ich oft etwas Bedrohliches. Auch, wenn Liese der Näherin, die in Mamas Schlafzimmer sitzt und für Irene neue Sachen macht, das Essen bringt. Sie hören auf zu sprechen, wenn ich hereinkomme. Ich freue mich immer, wenn die Näherin kommt. Sie heißt Fräulein Berta und ist noch sehr jung. Sie macht unentwegt aus alten Kleidern neue, und dabei singt sie laut und langgezogen. Ich sitze oft dabei, hineingedrückt in den umgedrehten Deckel der Nähmaschine. So kann ich bald all ihre Lieder singen, und ich singe sie nun laut durchs ganze Haus: »Waldeslu-u-ust – o wie einsam schlägt die Brust . . .«
Warum lachen denn bloß die Großen auf eine so unangenehme Weise, wenn ich singe? Einmal höre ich sie sagen: »Die Kleine ist ganz unmusikalisch. Leider!«
Eines Tages erzählt Fräulein Berta der Liese ihre Geschichte. Sie haben mich in meiner Kiste vergessen, und ich lausche mäuschenstill. Ich erfahre nun, daß Märchen von bösen Stiefmüttern doch wahr sind. Auch wenn Andi gesagt hat, sie seien nicht wahr. Denn Fräulein Berta hat eine sehr böse Stiefmutter und ist deshalb von zu Hause fortgelaufen, als sie vierzehn war. Sie ist zwar nicht in den Wald gegangen, sondern in die große Stadt, und da hat es dann keine Hexen gegeben, sondern andre böse Frauen, die sie nur auf der kalten Bühne schlafen ließen. Da war sie ganz allein und hatte oft Hunger. Manchmal hatte sie nur einen Apfel zum Essen. Da ist sie in die Häuser gegangen und hat da ganz von allein das Nähen gelernt. Aber nun ist sie glücklich, das

---

* *Heuberg = eines von Hitlers Konzentrationslagern auf der Schwäbischen Alb*

merkt man, wenn sie singt; und wenn sie lächelt, wenn sie abends von ihrem Soldaten abgeholt wird.

Plötzlich ist in der Küche nicht mehr die Liese, sondern die Gretel. Sie ist noch jünger als Fräulein Berta, und ich mag sie, und ich kann es nicht verstehen, daß die Großen, auch Reni, sie so oft schimpfen. Dann weint Gretel in der Küche, und ich lege den Arm um sie und tröste sie. Aber sie hat viel Arbeit und schickt mich auf die Gaß.
Wenn nur die Lili nicht jeden Tag ins Geschäft müßte!
Es ist gut, daß es Sonntage gibt. Die ganze Woche freue ich mich darauf. Dann sind alle da. Auch Andi. Ich wünsche mir so sehr, daß wir einen Ausflug machen würden. Dann wandert die ganze Familie durch Wies und Wald und singt dabei »Das Wandern ist des Müllers Lust«. Manchmal darf ich auf Andis Rucksack reiten. Einmal baut Papa mir eine Laubhütte. Und wenn wir eine Höhle finden, die in die weißen Felsen hineinführt, erzählt er mir von Menschen und Bären, die früher darin gehaust haben sollen.
Aber solch wundervolle Ausflüge sind sehr selten. Ich muß sie mir durch Erinnern vermehren.
In erster Linie gehören die Sonntage dem Tennisspiel. Papa, Andreas und Reni spielen selbst. Mama ruht sich im Liegestuhl im Grünen aus und unterhält sich mit Bekannten. Ich soll mit den anderen Kindern spielen.
Aber das ist nicht immer so einfach. Ich merke, daß dies eine andere Sorte von Kindern ist als die von der Gaß. Und doch sind sie auch irgendwie anders als ich. Die meisten von ihnen haben richtige Geschwister. Die habe ich nicht. Ich habe nur große Leute, die mich erziehen.
Hier sind nicht nur die Buben frech zu mir, sondern auch die Mädchen. Sie lassen mich nicht mitspielen, und sie haben lauter Sachen, die ich nicht habe: Dreiräder und Tretroller und

Faltenröcke und kurze Haare. Sie lachen über mich, weil meine Kleider gestrickt oder bunt gehäkelt sind.
Da gibt es auch ganz kleine Kinder. Die finde ich gräßlich, und es macht mir Spaß, sie zu quälen. Dann gibt es viel Geschrei, erst bei den Kleinen, dann bei mir. Ich fliehe in die erlösenden Krämpfe und tauche daraus wieder auf unter kalten Wassergüssen. Ich nehme das Kopfschütteln der andern wahr. Irene sagt zu Mama: »Es ist peinlich, so ein Kind zu haben.«
Ich fühle, während ich den andern Kindern beim Reigenspiel zusehen muß, zum ersten Mal, wie das ist, übrig zu sein. Ich möchte dann nicht mehr ich sein. Ich möchte sein wie die andern Kinder.
Ich höre die Großen sagen, ich sei ein zartes Kind. Und so nervös! Ich höre Mama sagen, ich sei ihr Sorgenkind. Liese hat gesagt, als sie uns verließ: »Die ist doch bloß ungezogen.«

Tanz der Figuren

Jeden Abend saß Mama an meinem Bett und betete mit mir. Ich konnte oft lange nicht einschlafen. Dann tanzten, wenn ich die Augen schloß, die Leute und die Dinge, die meinen Tag ausgefüllt hatten, um mich herum. Manchmal war ich noch wach, wenn Reni ins Bett ging. Sie ließ ihr Licht brennen und las im Bett. Wenn sie so nahe bei mir lag, konnte ich sie vieles fragen.
»Du, Reni, was ist das: Vater?«
Reni liest weiter.
»Ich sag's der Mama, daß du das Licht nicht ausmachst.«

Seufzend klappt sie das Buch zu und macht dunkel.
»Nun sag schon, was du wissen willst.«
»Was ist das: Vater?«
»Der Papa ist der Vater. Wir sagen halt Papa.«
»Aber der Papa schaut mein Bett doch gar nicht an, wenn ich müde bin.«
»Wie kommst du denn darauf?«
»Die Mama sagt immer, wenn sie mit mir betet: Vater, laß die Augen dein über meinem Bette sein.«
»Ach so. Du Dummerle, da meint sie doch nicht den Papa. ›Vater‹ heißt hier soviel wie ›Lieber Gott‹.«
»Den lieben Gott kenn ich aber gar nicht.«
»Den lieben Gott kennt niemand. Aber er ist der Vater von allen Menschen, und er behütet und beschützt uns alle.«
»Wie sieht er denn aus?«
»Niemand kann ihn sehen. Er ist unsichtbar. Aber er ist überall dabei.«
»Kann er denn alles sehen?«
»Ja, er sieht alles und er weiß alles. Wir beten zu ihm, damit wir auch an ihn denken.«
»Sieht er auch etwas, wenn's dunkel ist?«
»Natürlich. Er sieht auch jetzt, daß du nicht schläfst. Darum schlaf jetzt.«
Beim Einschlafen denke ich an den lieben Gott. Ich bin froh, daß ›Vater‹ doch nichts mit ›Papa‹ zu tun hat.

Reni hatte immer viel zu tun. Sie saß am Kinderzimmertisch und sägte kleine Holzfiguren aus. Dann malte sie sie bunt an. Ich schaute zu und freute mich über die vielen ›Kinder‹, die da entstanden.
»Das sind Engelein. Schau, sie haben doch Flügel. Bald ist Weihnachten. Dann kommt das Christkind mit seinen Engeln vom Himmel herab und bringt uns allen schöne Sachen.«

Ich war voll Freude und stellte mir vor, wie ein wunderschönes kleines Mädchen vom Himmel herabschweben würde. Sicher hätte es auch solche Flügel wie Renis Engel.
Reni hatte auch einen Kranz gemacht aus Tannenreis.
»Das ist ein Adventskranz«, sagte sie. »Der erinnert uns daran, daß es Weihnachten wird.«
Aber ich merkte nur, daß Mama jetzt noch viel mehr im Geschäft sein mußte als sonst, sogar an den Sonntagen. Sie kam erst heim, wenn es dunkel wurde. Dann rückte sie den neuen roten Teewagen ganz nahe an den warmen Ofen, und beim Schein der vier Kerzen, die Reni auf den Adventskranz gesteckt hatte, gab es Tee und Gebäck. Es war still und friedlich, und mir war sehr wohl.
Endlich kam ein Tag, an dem Mama nicht mehr ins Geschäft mußte. Aber ich konnte sie trotzdem nicht sehen, denn sie war den ganzen Tag im Eßzimmer, und das war zugesperrt. Sogar das Schlüsselloch war verstopft. Irene sagte, daß Mama heute dem Christkind helfen müsse. Ich hätte so gern durchs Schlüsselloch gelinst, um wenigstens einen kleinen Schimmer von dem wunderschönen, geflügelten Mädchen zu erhaschen.
Da klingelt ein Glöckchen, und wir dürfen alle hinein.
Ich bin geblendet von so viel Glanz. In der Ecke steht ein Christbaum mit vielen Kerzen. All die hübschen Holzfiguren, die Reni gemacht hat, hängen daran. Der Christbaum ist so groß, daß ich zuerst gar nichts anderes sehen kann.
Dann entdecke ich, daß an den Wänden entlang weiß gedeckte Tische mit vielen Sachen darauf aufgestellt sind. Sie sehen aus wie die herrlichen Schaufenster in der Stadt.
Und da, in der anderen Ecke, sitzt mit ausgebreiteten Armen der Teddybär. Kein so großer, aber einer mit den liebsten Augen der Welt. Ich nenne ihn sofort ›Prinzessin‹, obwohl die Großen sich darüber zu wundern scheinen.

Ich will auf Prinzessin zustürzen. Aber ich werde festgehalten. »Erst muß man singen«, sagt Papa.
Sie singen »Stille Nacht, heilige Nacht«. Mir wird sehr wohl dabei. Dann darf ich mich an Mamas Hand meinem Gabentisch nähern. Ich umarme Prinzessin.
Nach einer Weile entdecke ich noch ein Geschenk. Es ist ein großes Bilderbuch. Ich laufe damit zu Papa, der ein wenig abseits im Sessel sitzt. Im Lichterglanz ist die dunkle Wolke um ihn verschwunden. Ich habe keine Angst und klettere auf seinen Schoß. Er öffnet das große Buch, das nun mir gehört, und liest es mir vor.
Die Verse erzählen die Geschichte vom ›Hans Wundersam‹. Der macht eine Reise in den Himmel. Erst kommt er zu Petrus. Das ist ein Mann im braunen Morgenrock, von dem ich noch nie etwas gehört habe. Der führt ihn zum lieben Gott. Ich bekomme ihn nun zu sehen, den Unsichtbaren, der alles sieht. Er hat Augen, die ein wenig streng blicken, und einen grauen, wallenden Bart, und er erscheint mir jetzt, da ich ihn ansehen muß, gar nicht mehr so uneingeschränkt lieb.
Später kommt der Wanderer zum Christkind. Dies übertrifft meine schönsten Erwartungen. Es hat goldenes, langes, lockiges Haar und trägt ein sternchenübersätes Kleid. Es hat natürlich Flügel und einen goldenen Reifen, der über seinem Kopf schwebt, ohne herunterzufallen.
Hans Wundersam darf aber auch einen Blick in die Hölle tun. Von diesem Ort habe ich auch noch nie etwas gehört. Nun lerne ich ihn schaudernd kennen: Da sitzt, in einem großen Waschkessel über offenem Feuer, der Teufel. Er hat ein rotes Fell, schwarze Hörner und ein gräßliches, hundeähnliches Gesicht. Seine Faust umkrallt den Stiel einer dreizackigen Gabel, die gefährlich nach oben in etwas Schwarzes hineinsticht. Das ist die Erde.
Hans Wundersam entkommt zum Glück diesem grausen

Raum. Ich klettre von Papas Schoß, weil mich das Ende der Geschichte nun nicht mehr interessiert.

Ich liege in meinem Bett. In meinen Armen liegt Prinzessin und kitzelt mit ihrem Fell meine Wange. Hinter den geschlossenen Augen tanzen der liebe Gott und das Christkind, der Waschkessel und der Teufel und Papa im Sessel. Mir ist, als schliefe ich auf seinem Schoß ein.

Jedesmal, wenn ich mir nun das Bilderbuch ansah, mußte ich darüber nachdenken, ob der liebe Gott auch wirklich alles sah. Ob er wohl auch ins dunkle Treppenhaus sehen konnte? Ich habe mir einen schlimmen Plan ausgedacht. Ich möchte wissen, wie das ist, wenn jemand die lange Treppe hinunterfällt. Ich muß so oft dran denken, daß ich ihn eines Tages ausführen muß.
Paule ist bei mir.
Nun muß er gehen. Er muß immer tun, was ich sage. Nun muß er sich, mit dem Gesicht nach unten, ganz gerade auf die oberste Treppenstufe stellen.
»Nicht bewegen!«
Ich warte einen Augenblick. Dann versetze ich ihm einen so heftigen Stoß in den Rücken, daß er kopfüber die Treppe hinunterkugelt. Unten steht er wieder auf.
Er blickt zu mir herauf mit einem Gesicht, das zugleich staunend und wütend ist. Dann schreit er mich an: »Saumädle, dreckats.«
Später sprach mich seine Mutter einmal auf der Straße an, eher verlegen als strafend: »Daß du mir meinen Paule nicht noch einmal die Treppe hinunterwirfst!«
Ich hatte natürlich Angst, sie würde es Mama sagen. Aber bald fand ich heraus, daß Mama davon nichts wußte.
Wie aber war es mit dem lieben Gott? Hatte er es gesehen?

Er mußte wohl dabeigewesen sein, unsichtbar, wie Reni es nannte. Denn Paule war aufgestanden, als wäre ihm nichts geschehen.
Dafür ließ der liebe Gott nun mir keine Ruhe mehr. Ich konnte unmöglich mit jemand darüber sprechen. Es war schlimm genug, daß der liebe Gott es wußte. Ich hatte einem anderen Kind weh getan, das mir gar nichts getan hatte. Trotzdem war ich froh, daß es ihm weh getan hatte und nicht mir.
Das Gefühl, darüber froh zu sein, beschäftigte mich sehr. Ich malte mir immer neue Szenen aus, in denen ich es erleben konnte.
Als mich einmal Else, das Fräulein vom Geschäft, abends hütet, muß ich ihr dieses Gefühl mitteilen: »Du, wenn da irgendwo ein kleines Mädele ist und ich sehe, wie es schrecklich verhauen wird, dann freu ich mich ganz, ganz arg und denke, wie gut, daß ich's nicht bin.«
Elses Gesicht wird ganz dunkelrot. Ich weiß, daß ich was Schlimmes gesagt habe.
»Aber Kind!« Ihr Ton hat etwas Beschwörendes an sich. »Wenn du so etwas siehst, mußt du doch Mitleid haben mit dem armen Mädele. Du weißt doch, wie weh ihm das tut!«
Aber ich war doch froh, wenn ich sah, daß ich es besser hatte als andere Kinder. Zum Beispiel die, welche an den Röcken der Mütter hingen, wenn diese in unsrer dunklen Diele standen. Solche Frauen kamen oft zu uns. Ich fand, daß sie häßlich aussahen und schlecht rochen. Sie waren auch sehr mager und hatten alte, graue Kleider an. Ich stand neugierig und ängstlich im Hintergrund und sah zu, wie Gretel ihnen in ihre mitgebrachten Töpfe Essen hineintat. Mama legte alte Spielsachen für ›die armen Kinder‹ bereit. Ich war froh, daß ich mit dem abgenutzten Zeug nicht mehr spielen mußte. ›Arme Kinder‹ waren etwas anderes als ich. Sie wohnten auch anders. Nicht nur so wie Paule, bei dem ich es eigentlich ganz schön und

praktisch fand. Der hatte nämlich ein Wohnzimmer, in dem man essen und kochen konnte. Die Leute, die bei uns Essen holten, wohnten draußen vor der Stadt.

Bei einem Sonntagsspaziergang kamen wir einmal an grasbewachsenen Hügeln vorbei, deren eine Seite aus Backsteinmauern bestand. Dort waren große, dunkle Tore und winzige, vergitterte Fenster mit zerbrochenen Scheiben.

»Da wohnt Frau Abele«, sagte Mama.

Mich schauderte, daß da drin auch Kinder wohnten. Aber ich dachte nicht, daß es Kinder waren wie ich.

Zu Hause hörte ich nun bei allen möglichen Gelegenheiten, daß man zu etwas ›kein Geld‹ hatte. Zum Beispiel hatte man kein Geld mehr, um für die Liese, die eine Perle war, den teuren Lohn zu bezahlen. Deshalb war nun Gretel da.

Papa schimpfte nun noch lauter als früher, wenn Reni ein schlechtes Zeugnis heimbrachte. Er schrie, daß er kein Geld dazu habe, für solch schlechte Noten Schulgeld zu bezahlen.

Einmal kam ein Herr, den man Steuerberater nannte. Er blieb lange bei Mama im Eßzimmer, wo der Schreibtisch war mit vielen Papieren. Hinterher sah ich, daß sie weinte.

Aber – kein Geld haben und arm sein, das waren für mich zwei völlig verschiedene Dinge. Daß das Schulgeld so teuer war, daß Reni nie die Straßenbahn benutzen durfte, wenn sie zum Tennis ging, und daß es Brot ohne Butter gab, das war ein wenig bedauerlich und lästig.

Von den Armen aber ging etwas Bedrohliches aus. Auch dann, wenn sie zu essen bekommen hatten. Das spürte ich immer stärker. Es war so unheimlich wie das Lachen von Herrn Weber. Aber Herr Weber kam nicht mehr.

Manchmal sah ich Leute, die genauso aussahen wie Abeles und Webers, in langen Reihen durch die Straßen gehen. Die Männer trugen Schirmmützen, und ihre Gesichter hatten einen wilden Ausdruck. Die Frauen schoben zuweilen schwarze,

hochrädrige Kinderwagen vor sich her. Sie hatten strähniges Haar und merkwürdig große Augen.
Sie kommen eines Abends von allen Seiten und versammeln sich auf dem Lindenhof. Dicht gedrängt stehen sie und singen Lieder, die ich weder bei Fräulein Berta noch bei Mama oder Irene gehört habe. Dann hält ein Mann mit Schirmmütze eine Rede und fuchtelt dabei wild mit den Händen herum.
Ich linse neugierig zum Fenster hinaus.
»Wer sind die Leute?« will ich wissen.
»Das sind Kommunisten«, erklärt Reni.
»Was sind Kommunisten?«
»Ganz wüste Leut.«
Da stürzt schon Mama herein.
»Schnell, macht das Licht aus, Kinder!«
Ich liege zitternd im Bett und wage nicht, mich zu bewegen. Von draußen dringt eine Melodie herein, die mich noch mehr erregt. Dann knattert es, und dann gibt es einen Tumult. Das kann man hören. Jemand schreit, als ob er Schmerzen hätte.

Ich schließe fest die Augen. Draußen ist es still geworden. Aber um mich tanzen sie jetzt, die Figuren. Da ist Paule. Er fällt und fällt, mit dem Kopf voran, die Treppe hinunter. Hinter ihm drein purzeln viele arme Kinder mit meinen Spielsachen. Sie fallen hinaus auf die Straße, und da steigen die Kommunisten über sie weg. Die Männer mit Schirmmützen füllen den Hausgang und steigen, dicht aneinandergedrängt, die Treppe herauf.
Ich fürchte mich und schlüpfe unter die Decke.

Es kamen Tage, da alle Großen viel zu tun hatten. Sie sagten, man müsse mit dem Geschäft umziehen in einen billigeren Laden in einer kleineren Straße. Niemand hatte Zeit für mich. Auch Reni und Gretel mußten mithelfen.

Plötzlich ist Reni wieder da. Sie weint herzbrechend. Mama kommt dazu. Sie ist traurig und ärgerlich.
»Konntet ihr nicht besser aufpassen!« ruft sie immer wieder. »Der schöne, teure Glasschrank! Woher soll ich nun einen neuen bekommen?« Reni heult noch stärker.
»Wie konnte das denn bloß passieren?« fragt Mama Gretel, die sich ängstlich in eine Ecke gedrückt hat. Auch sie hat verweinte Augen.
»Der Strick ist gerissen. Eine von den Glasplatten hat eine scharfe Kante gehabt, die hat den Strick aufgeschnitten. Da ist alles ganz schnell abgeschliffen.«
»Ach Gott! Und der ganze Scherbenhaufen mitten auf der Adlerstraße!« seufzt Mama. »Blamiert ist man mit euch!«
Reni schluchzt.
»Ich – ich glaube, die Frau Oberst hat's auch gesehen! Sie hat das Fenster aufgemacht, weil es solch einen Lärm gab. Sie – sie hat's ganz bestimmt gesehen!«
»Ich glaube, du heulst überhaupt nur deswegen.« Mamas Stimme wird plötzlich sanft und tröstend. »Komm, Kind, schlag dir doch diese hochnäsigen Leute aus dem Kopf. Die sehen doch sowieso auf uns herab.«
»Der Eduard nicht! Aber jetzt . . .«
Sie schluchzt schon wieder.
»Ich hab's gleich nicht tun wollen. Nun ist alles aus!«
Ich erinnere mich, daß Irene schon heute früh sehr gemault hat, weil sie den Handwagen über die vornehme Adlerstraße ziehen sollte. Aber Papa ist streng gewesen.
Der Papa! Ob er wohl schon weiß von dem Unglück?
Ich höre ihn kommen und schleiche mich hinaus. Ich bin lieber nicht dabei, wenn's jetzt ganz schlimm wird.
Später höre ich, wie Mama und Papa im Nebenzimmer allein miteinander sprechen. Mamas Stimme ist ungewöhnlich heftig.

»Wir hätten es dem Kind wirklich nicht zumuten dürfen. Nun müssen wir es ausbaden! Überall werden sie wieder ihre spitzen Bemerkungen machen, im Tennisclub und bei den Offiziersdamen. Immer lassen sie uns spüren, daß wir zu ihnen nicht ganz passen.«

»Ach was. Laß die doch reden! Mich brauchen sie immer wieder. Ich kann doch mehr als die alle zusammen. Wenn ich nur wüßte, wie ich wieder zu so einem Glasschrank komme.«

Ich wunderte mich ein wenig, daß ich nun nie mehr auf die Gaß durfte. Ich mußte in einen Kindergarten gehen. Es gab da nur sechs Kinder, und das Zimmer sah aus wie ein gewöhnliches Kinderzimmer, und es gab ein Fräulein, das auf uns aufpaßte. Es war sehr langweilig, weil die Kinder alle viel jünger waren als ich. Ich konnte sie auch nicht quälen, weil das Fräulein aufpaßte.

Manchmal durfte ich auch zu Hause bleiben und Papa beim Malen oder Modellieren zusehen. Er saß in einem Zimmer, in dem es stark nach Farbe roch, und ein anderes Kind oder eine Dame saßen auf dem andern Stuhl und ließen sich abmalen. Mama sagte, das sei ein Auftrag für Papa, und ich müsse ganz still sein. Es gefiel mir, wenn Papa malte. Auf einmal war dann das gleiche Gesicht, das zu der Person auf dem Stuhl gehörte, auch auf dem Papier zu sehen. Nur noch viel schöner.

Am besten gefiel es mir aber, wenn Papa mit uns an einem Sonntagvormittag ins ›Tuchhaus‹ ging. Das war ein altes Haus mit vielen hellen Räumen, in denen lauter Bilder hingen. Wir gingen immer zuerst in das Zimmer, wo Papas Bilder waren, und ich fand diese am allerschönsten. Papa fand das auch.

Ich wunderte mich darüber, daß hier so viele andere Bilder hingen, die mir merkwürdig vorkamen. Die Köpfe auf diesen

Bildern hatten verschobene Gesichter und die Landschaften falsche Farben. Häuser konnten aussehen wie bunte Würfel und Bäume wie Farbflecke.
Auch Papa fand dies alles »schlecht – unähnlich – lächerlich«, er fand, daß es ein »Geschmier« sei und es eine »Frechheit sei«, so zu malen.
»Das ist alles völlig entartet«, sagt er immer wieder. »Es wird höchste Zeit, daß so was verboten wird.«
Und zu Mama gewandt erklärte er: »Siehst du, das ist alles jüdisch überfremdet.«

Ich hatte schon oft das Wort ›Jude‹ oder ›jüdisch‹ gehört. Wenn sie bei Tisch von den Juden sprachen, hatte ich das Gefühl, als sprächen sie von etwas Gefährlichem, Bösem. Als wären sie so etwas wie die Hexen im Märchen. Nur, daß es die nicht wirklich gab. Das hatte Andi gesagt.
Juden aber gab es.
»Liebels unten im Haus sind Juden«, klärt Reni mich auf. Sie soll mit Mama zusammen Strümpfe kaufen gehen.
»Bei Liebels unten gibt es ganz schöne im Laden«, sage ich.
»Das geht doch nicht«, meint Mama, »wir kaufen nichts bei Juden.«
»Was sind eigentlich Juden?« frage ich.
»Das sind Fremde.«
»Aber sie sehen doch genauso aus wie wir, und sie wohnen auch schon immer da. Warum sind sie dann fremd?«
»Sie – sie haben alle eine unangenehme Art, die anders ist als die unsere. Sie haben auch andere Gewohnheiten als wir. Aber das verstehst du noch nicht.«
Ich weiß, daß ich wieder einmal etwas nicht verstehe. Wenn man fünf Jahre alt ist, dann ist das eben so. Ich bin klein, die andern groß. Sie wissen es. Ich beschließe, den Schwestern Liebel besser aus dem Weg zu gehen.

»Warum läßt du die Nela eigentlich immer noch mit den Cafédamen gehen?« will Reni wissen.
»Ich kann es nicht verhindern. Du weißt, daß sie gute Kundinnen sind«, sagt Mama.

Ich gehe nicht sehr gerne mit den Cafédamen. Aber Reni ist sicher neidisch, daß ich immer mit ihnen gehen darf und sie nicht. Ich bekomme von ihnen Kuchen, soviel ich will.
Die Cafédamen waren schon alt. Sie kamen oft zu Mama ins Geschäft. Als sie mich sahen, waren sie sehr lieb zu mir, aber so, daß ich mich ein wenig genierte. Dann fragten sie Mama, ob sie mich nicht jede Woche einmal mit ins Café nehmen dürften. Ich hatte das Gefühl, als ob es Mama eigentlich lieber nicht wollte. Aber dann durfte ich doch.
Sie holten mich jeden Dienstag ab.
Es ist wieder Dienstag. Ich habe Sonntagskleider an und sitze zwischen den beiden Damen im Café. Trotz der Aussicht auf Kuchen ist mir unbehaglich zumute. Ich kann sie nämlich noch immer nicht anreden. Ich bringe das Wort ›Sie‹ nicht über die Lippen. ›Du‹ aber geht hier auch nicht. Auch mit ›man‹ kann ich mir da nicht helfen wie bei Frau Helbrich oder Herrn Lot. Deshalb muß ich wieder einmal stumm bleiben. Ich weiß, daß so viel Stummheit unhöflich ist, und das tut mir leid. Aber ich kann nichts machen.
Plötzlich spüre ich, daß ich aufs Klo muß. Ich werde unruhig, kann es aber nicht sagen. Aber auch ohne daß ich spreche, finden sie meine Not heraus.
»Komm, Kleines, ich geh' mit dir«, sagt eine der Damen.
Sie begleitet mich. Auf dem Klo fällt mir ein, daß Mama gesagt hat, man dürfe sich nie, unter gar keinen Umständen, auf die Brille eines fremden Klos setzen. Weiß das die Dame auch?
Sie weiß es nicht. Sie setzt mich kurzerhand drauf. Nun ist es

zu spät. Ich muß weinen. Aber die Dame begreift nicht, was los ist.
»Nun sitzt du auf dem Thron«, sagt sie und lacht ein wenig. Doch mir ist nicht zum Lachen. Ich vergehe vor Angst, daß mich nun sicher eine grausige Krankheit heimsuchen würde. Aber ich wage es auch nicht, die Sache Mama zu erzählen. Sicher würde sie schimpfen.
Ich will nicht mehr mit den Cafédamen gehen. Ich finde sie unanständig. Ich bin froh, daß ich mit Husten im Bett liege, als wieder Dienstag ist.
An den folgenden Dienstagen kamen die Cafédamen nicht mehr. Ich nahm es ungefragt hin. Dafür durfte ich jetzt hie und da mit Mama ins Café. Das war viel schöner, auch wenn ich da nicht so viele Kuchen bekam. Da fragte ich sie einmal doch, warum eigentlich die beiden Damen nie mehr kämen.
Mama hielt die Hand an den Mund. Niemand außer mir sollte hören, was sie sagte: »Das sind Juden. Wir verkehren nicht mehr mit ihnen.«
Mich durchfuhr noch nachträglich ein Schreck.
»Sie haben eine unangenehme Art. Sie haben andere Gewohnheiten als wir«, hatte Mama einmal gesagt. Ich wußte nun, daß das stimmte. Ich fand die Damen sehr unanständig. Sie hatten etwas getan, was mir streng verboten war – weil sie Juden waren.

Ich liege im Bett. Hinter den geschlossenen Augen tanzen sie wieder: die beiden Damen mit verschobenen Gesichtern und mit Kleidern, die aussehen wie Farbkleckse. Auch die Frau Oberst ist dabei. Sie hat eine Nase, die hoch in die Luft hinaufragt. Hinter ihr kommt Eduard hervor. Er hat ein weißes Gesicht ohne Augen und Mund, nur eine Nase. Sie tanzen alle auf einem Haufen Glasscherben. Die Cafédamen wollen mich ergreifen und aufs Klo setzen. Aber ich weiß es nun, entwische durch die Tür und riegle sie ein. Nun kann ich schlafen.

Allmählich verstand ich die Worte besser, die sie daheim bei Tisch sprachen. Da war das Wort ›Nazi‹. Es gehörte zu den Versammlungen, zu denen die Eltern manchmal gingen. Wenn sie davon erzählten, kam funkelndes Licht in Mamas dunkle, meist traurige Augen. Wenn die Nazis die Wahl gewinnen würden, sagte sie, dann würde es allen bessergehen. Auch uns. Dann würde es nicht mehr so viele jüdische Geschäfte geben. Dann würde vor allem auch den vielen Armen geholfen werden, und sie müßten keine Kommunisten mehr sein.
Das Wort ›Kommunisten‹ gehörte zu der Versammlung auf dem Lindenhof, zu den Männern mit Schirmmützen und zu den hungrigen Frauen. Zu Frau Weber. Zu Herrn Weber, der nicht aß, sondern trank, der so merkwürdige Geschichten wußte und der so lachte, daß man Angst bekam. Aber die Nazis würden vieles verändern können. Die Eltern gehörten zu ihnen. Die Nazis würden jedem ›Arbeit‹ und ›Brot‹ geben, sagten sie, und ihre Stimme klang froh dabei.
Sie würden den vielen Hochmütigen zeigen, was wirklich Volksgemeinschaft sei. Wenn sie das sagten, spürte ich ein wenig Triumph aus ihrer Stimme heraus. Jeder würde mitarbeiten können an dieser neuen Gemeinschaft, ohne deshalb ein ›Sozi‹ sein zu müssen. Aus dem Wort ›Sozi‹ wurde ich nie ganz schlau. Es gewann für mich beim Zuhören einen verächtlichen Beigeschmack. Als wäre man sich zu gut für so etwas.
Einmal, als ich mit den Eltern in einem ländlichen Lehrerhaus zu Besuch war, schnappte ich aus einem Gespräch ein paar Sätze auf. Beim Versteckspiel im Garten war ich nahe unter das offene Wohnzimmerfenster geraten.
». . . Volksgemeinschaft! Das ist doch für uns nichts Neues.

Das müßte doch eigentlich selbstverständlich sein. Aber unsere jüdischen Mitbürger sind genauso ein Teil dieser großen Gemeinschaft. Jeder Mensch soll bei uns die gleichen Möglichkeiten haben.«
Es war die Stimme des Lehrers, die ich da hörte. Sie klang erregt und ein wenig beschwörend. Er wollte noch etwas sagen. Ich hörte, wie er dazu Atem holte. Aber Mamas Stimme fuhr dazwischen. Sie klang gedehnt und verächtlich und ging über in ungläubiges Entsetzen: »Herr Lehrer, wie ist das möglich? Sie sind ja ein Sozi!«
Das Spiel erforderte, daß ich mein Versteck verließ. Ich wußte nun aber, daß man kein Sozi sein durfte.

Noch ein Wort, aufgeschnappt und neu, machte mir bald zu schaffen. Es hieß ›Kirche‹.
Es mußte noch etwas anderes bedeuten als nur ein schönes, großes Gebäude. Zum Beispiel die Marienkirche.
Ich war noch nie drin gewesen. In die Kirche gingen sonntags die Dienstmädchen. Aber nicht in die Marienkirche. Dorthin gingen nur ein paar Bekannte von uns und Tante Helene. ›Kirche‹, das war auch so etwas, das mit Onkel Karl zusammenhing, der in einem Dorf wohnte und ein Pfarrer war. Wir hatten einmal einen Ausflug dorthin gemacht. Er hatte eine Frau, die ganz jung aussah. Diese Tante trug andere Kleider als Mama und Irene, aber auch andere als die Leute, die man auf der Straße sah. Sie hatte Zöpfe rings um den Kopf gesteckt wie einen Kranz. Reni rümpfte die Nase über sie. Mama nannte sie ›spießig‹.
»In der Kirche sind die Leute immer so spießig«, meinte sie.
Nun mußte Reni zum Konfirmandenunterricht. Ich wußte zwar nicht, was das war, aber es hatte etwas mit dem Innern der Kirche zu tun. Bei Tisch war manchmal von diesem Unterricht die Rede. Reni sagte empört und ein wenig ver-

zweifelt, sie könne das, was sie da lernen sollte, einfach nicht glauben.
»Daß den Kindern lauter so unverständliches Zeug beigebracht wird!« sagte Mama ärgerlich. Papa, in seiner barschen, bestimmenden Art, die keinen Widerspruch duldete, machte dem Gespräch rasch ein Ende: »Dies alles ist doch ein ganz gewaltiger Quatsch. Schade um die Zeit!«
Aber die Konfirmation mußte eben sein.
Ich wußte nun, daß die Kirche nur etwas für spießige Leute war und der Konfirmandenunterricht ein Quatsch. Aber ich ahnte nicht, daß dies alles etwas mit dem lieben Gott zu tun haben könnte.

Ich liege im Bett. Hinter den geschlossenen Augen sehe ich Nazis und Sozis und Kommunisten und Herrn Weber. Herr Weber hat keinen Kopf, aber sein Leib lacht. Tante Helene und Onkel Karl umklammern einen großen Spieß und richten ihn gegen Reni. Sie tanzen alle vor einer großen Kirche, aber sie kommen nicht hinein.

Papa sprach nun manchmal vom lieben Gott. Früher hatte er nie von ihm gesprochen. Er sagte, der liebe Gott habe uns einen Mann geschickt, der Adolf Hitler heiße. Er habe ihn geschickt, um Deutschland zu retten.
»Deutschland, das sind wir alle«, sagte er.
Er sagte es, als er aus dem Wahllokal kam. Alle Leute mußten wählen. Man müsse mit ›Ja‹ stimmen, sagte Papa. Er könne sich einfach nicht vorstellen, daß da noch jemand wäre, der mit ›Nein‹ stimmen könne.
Mama meinte, daß das höchstens Webers täten. Ich war froh, daß auch Frau Weber schon längere Zeit nicht mehr zu uns kam.

Eines Abends ist der Lindenhof wieder voller Menschen.
Sie haben alle braune Uniformen an. Auch Papa und Mama sind dabei. Wer die Uniform trägt, gehört zur SA*. Überall lodert Feuer. Aber kein Haus brennt. Die Männer tragen das Feuer in den Händen. Ich fürchte mich ein wenig. Doch heute darf ich aus dem Fenster schauen.
Immer wieder werden Lieder gesungen. Es sind Melodien, die mich erregen. Freude und Begeisterung ist unter diesen Menschen. Ich verstehe nichts davon, aber ich spüre es.
Auch die Eltern sind froh. Sie winken mir zum Fenster herauf. Sie haben eine rote Fahne gekauft mit einem weißen Kreis und etwas Schwarzem darin. Die hängt nun zum Fenster hinaus. Auch andere Häuser haben Fahnen. Manche sind schwarz-weiß-rot, aber auch sie haben das schwarze Zeichen in der Mitte.
Gretel belehrt mich: »Das ist ein Hakenkreuz.«
Die Eltern sind froh.
Aber irgend etwas ist anders an ihrer Freude als sonst, wie sie mit hellen Gesichtern, Hand in Hand die breite Treppe heraufkommen.
Da weiß ich, was anders ist: Sie sind gemeinsam froh.

Ich bin sechs Jahre alt.
Hinter den geschlossenen Augen tanzt das Feuer.

** SA = Sturmabteilung Hitlers; halbmilitärisch organisierte Truppe mit brauner Uniform*

Klassenbild

Im April 1933 komme ich in die evangelische Schillerschule. Mama geht mit mir und zeigt mir genau den Weg, den ich künftig immer allein gehen soll. Es ist nicht weit, und ich habe keine Angst, denn ich finde die neuen Straßen, die ich kennenlerne, sehr interessant.
Die Lehrerin heißt Fräulein Lechler, und sie gefällt mir gut. Sie sieht nämlich genauso aus, wie ich mir eine Lehrerin vorgestellt habe. Sie trägt einen Zwicker auf der Nase, hat eine etwas näselnde Stimme, und ihr Kleid ist dunkelbraun. Von den Kindern, die wie ich von ihren Müttern begleitet worden sind, kenne ich keins.
Mir fällt auf, daß mir, zusammen mit ein paar andern Mädchen, durchaus mehr Beachtung geschenkt wird als den übrigen. Das gefällt mir. Ich gebe auf alle Fragen bereitwillig Antwort. Da fangen die andern an zu kichern. Ich muß noch mal was sagen. Nun lachen alle laut. Auch Fräulein Lechler lächelt. Nur ich nicht. Ich weiß nicht, über was ich da lachen könnte.
Wir dürfen bald nach Hause gehen. Ich entdecke freudig, daß ein paar Mädchen denselben Weg haben wie ich. Aber sie lassen mich nicht neben sich gehen, und ich merke, daß sie über mich lachen.
Was haben sie nur?
Da klärt mich endlich eine auf: »Du schwätzsch so bleed.«
Das verstehe ich nicht. Warum denn?
Da macht mich eine nach. Sie spricht gespreiztes Hochdeutsch, ohne ›sch‹, das kann ich nämlich noch nicht aussprechen. Dann rennen sie mir alle davon. Ich trotte allein meinen Weg.

Was man in der Schule lernt, gefällt mir. Am schönsten ist es, wenn wir malen dürfen. Auf meiner Tafel entsteht gerade ein

großer Maikäfer. Plötzlich merke ich, daß Fräulein Lechler, zusammen mit einer Junglehrerin, schon eine Weile über meine Schultern guckt. Sie bewundern mein Werk. Da merke ich, daß ich mich hier hervortun kann. Ich möchte doch so gerne anerkannt werden von den andern.
Aber die haben immer was zu lachen über mich. Wenn ich morgens zur Schule komme, sitzen alle schon längst in ihren Bänken, und Fräulein Lechler steht an der Tafel. Ich bin darüber so erstaunt, daß alle lachen. Nur Fräulein Lechler schilt ein wenig. Aber ich bin doch so zeitig von daheim weggegangen! Wie kommt das bloß?
Ich sitze still in meiner Bank. Da schrecke ich plötzlich hoch: Fräulein Lechler steht hinter mir. Ich habe nicht bemerkt, wie sie an mir vorübergegangen ist. Nun stürzt ihre Stimme über mich, und sie klingt so, wie wenn ich etwas Unrechtes getan hätte: »Aber Kind! Du sollst doch nicht immer spielen und träumen.«
Gellendes Gelächter ringsum.
Ich schaue auf und weiß überhaupt nicht, was los ist.

Weil ich immer noch allein heimgehen muß, klage ich Mama mein Leid. Sie sieht mich ein wenig ratlos an.
»Wenn sie dich wieder auslachen«, sagt sie dann, »dann mußt du ihnen erklären, daß dir das sehr weh in deinem Herzle tut.«
Doch ich weiß, daß ich das niemand erklären kann, denn dann würden sie mich wieder auslachen. Mama kann mir nicht helfen. Ich bin sehr allein.
Aber ich möchte nicht ausgelacht werden. Ich möchte sein wie die andern alle. Schon nach vierzehn Tagen kann ich so gründlich Schwäbisch, daß fortan kein hochdeutsches Wort mehr über meine Lippen kommt. Nun gewinne ich auch Freundinnen. Anneliese und Erika. Mit Sylvia Crusius muß ich mich auf Wunsch beider Mütter anfreunden. Aber sie wohnt weit weg von mir, und es fehlt der verbindende gemeinsame Schulweg.

Ende der ersten Klasse stirbt Erika. Alle müssen zur Beerdigung. Ich höre ihre Eltern laut weinen. Daß Erwachsene das können, ist mir neu. Auch Anneliese weint herzbrechend. Mir ist unbehaglich zumute. Mir ist, als gehe mich alles, was da in der merkwürdig riechenden, mit Blumen geschmückten Halle vor sich geht, gar nicht ganz an. Ich kann nicht weinen, und ich habe deshalb ein schlechtes Gewissen. Aber der Tod des gleichaltrigen Kindes bedeutet mir wirklich nichts. Zu oft habe ich in diesem ersten Schuljahr erfahren müssen, was Verrat ist. Wie es ist, wenn man ausgelacht wird und einsam hinter den Davonrennenden zurückbleiben muß.
Wenn Anneliese gerade gut Freund mit mir ist, können wir herrlich spielen. Wir suchen unermüdlich Marienkäfer, für die wir auf Zigarrenkistchen Häuser mit Betten bauen, und wir sind gemeinsam darüber empört, daß die Tierchen, denen wir es so bequem machen, immer wieder ausreißen. Aber Anneliese läßt mich fühlen, welche Gnade es für mich ist, daß sie mit mir spielt. Ganz anders verhalten sich da die Kinder ärmerer Leute zu mir. Es gefällt mir, wie sehr sie um meine Freundschaft buhlen. In ihre Wohnungen, in alten Häusern, in denen es scharf und aufregend riecht, gehe ich gern. Es ist da wie bei Paule. Ihre Mütter sind sehr freundlich zu mir. Es gefällt mir, daß sie mich nicht so sehr wie ein kleines Kind behandeln, nicht so, wie ich's von zu Hause gewöhnt bin. Ich weiß meine Besuche dort so einzurichten, daß Mama nichts von ihnen erfährt. Ich finde, das ist besser so. Meist nach der Schule, oder wenn sie glaubt, ich wäre bei Anneliese. Oft aber hole ich jene Mädchen zu mir heim und lasse sie meine Spielsachen bewundern. Einmal höre ich, wie Trude zu Hilde sagt: »Möchtest du d' Nele sein?«
»O ja!«
Das ist Balsam für meine Ohren.

Eines Tages flüstert mir eine in der Klasse zu: »Du, wir haben fünf Judenmädle in der Klaß.« Sie nennt mir ihre Namen. Drei von ihnen habe ich immer wegen ihrer vornehmen Kleidung bewundert. Sie wohnen auf dem Schloßberg, wo nur Leute wohnen, die viel Geld haben. Ihre Väter haben sogar ein Auto. Die beiden andern aber sehen aus wie arme Kinder. Eine hat ein ganz gelbes Gesicht, ist dick und häßlich.
Aber sie sind eigentlich alle fünf nicht anders als andre Kinder. Sie werden es erst, weil eine gesagt hat, sie seien Juden.
Schade, eine von ihnen hätte ich ganz gerne zur Freundin gehabt. Sie wohnt neben Sylvia und spielt oft mit ihr. Wenn ich manchmal, begleitet von Mama, Sylvia besuchen darf, kann ich verstohlene Blicke in das elegante Haus werfen. Aber ich komme nie hinein.
Mit Mirjam Landau, deren Kleider nicht so prächtig sind, teile ich ein Stück des Schulwegs. Sie ist immer freundlich, aber sehr schüchtern, und wenn ich ihr etwas erzähle, schweigt sie dazu. Einmal sage ich ihr, daß ich Rhea Herschel überhaupt nicht leiden könne. Ihr gelbes Gesicht und ihre unbeholfene Sprache, die ganz anders ist als unsere, aber auch anders als das Hochdeutsch besserer Leute, stoßen mich ab. Mirjam sagt nichts dazu. Ihre großen, dunklen Augen schauen traurig und ratlos. Aber sie geht nun nie mehr mit mir.
Bald darauf bekommen wir ein Klassenbild.
Ich sitze am Kinderzimmertisch und betrachte es lange. Ich frage Gretel, die gerade hereinkommt, ob sie darauf fünf Judenmädle erkennen könne. Sie kann es nicht. Da nehme ich eine Nadel und steche in alle fünf ein Loch. Es ist mir nun, als lebten sie unter uns und wären dennoch nicht da.
Ende der zweiten Klasse kommen sie plötzlich nicht mehr. Fräulein Lechler sagt, daß sie jetzt in eine Judenschule gehen müßten. Bisher sind sie nur in die Religionsstunde gegangen, während wir andern bei Fräulein Lechler biblische Geschich-

ten hörten. Ich weiß nicht, daß das, was wir hören, auch Religion ist. Das Wort ›Religion‹ gehört zu den fünf Judenmädchen.
Bald hören wir, daß die drei Reichen mit ihren Familien ausgewandert sind.
In einem der dunklen Gäßchen, das aus dem Lindenhof führt, ist eine kleine Metzgerei. Manchmal steht eine Schlange von Menschen davor. Darin erblicke ich einmal auch Mirjam und Rhea. Aber sie reden miteinander und sehen mich nicht. Gretel kauft das Fleisch nie in diesem Laden, obwohl er so nah bei uns liegt. Sie sagt, es sei der Judenmetzger. Ich mache nun einen Bogen um dies Haus, besonders wenn Leute davorstehen.
Als die jüdischen Kinder nicht mehr in unsrer Klasse waren, brachte uns Fräulein Lechler etwas Neues bei. Wir durften nun vor Unterrichtsbeginn nicht mehr im Chor »guten Morgen, Fräulein Lährerin« sagen, sondern »Heil Hitlär«.
Man durfte auch nicht mehr unter sich ›vom Hitler‹ sprechen, sondern nur noch vom ›Führer‹. Bei mir zu Hause sprach man ohnehin nie anders von ihm, aber nun wußten es alle, wie sie ihn zu nennen hatten. Bei ärmeren Kindern konnte ich hie und da noch ein leises »Heil Moskau« vernehmen. Ich wußte nicht, was das bedeutete. Ich konnte auch nicht fragen, weil sie mich sonst wieder auslachten.
In der Rechenstunde wurde einmal eine nach der anderen von uns gefragt, wieviel ihr Vater in der Woche verdiente. Bei den meisten waren es etwa 24 RM. Ein Vater bekam 30 RM, und die Tochter wurde von allen bestaunt ob solchen Reichtums. Anneliese und Sylvia und ein paar andre und ich wurden nicht gefragt. Aber ich genierte mich dennoch, weil ich nicht wußte, wieviel mein Vater verdiente.
Warum war denn bloß bei uns zu Hause alles, alles anders?
Daheim sagte Reni, die mich beim abendlichen Waschen beaufsichtigen mußte, ich sei ein Schwein, wenn ich mich dazu

nicht nackt auszöge. Auch Mama und Reni zogen sich dazu immer ganz aus.
Als wir mit der Klasse zum ersten Mal ins Stadtbad durften und uns in der Sammelkabine umzogen, tuschelten und kicherten plötzlich alle. Sie deuteten auf mich und sagten, ich sei eine ›Sau‹. Ich stand nämlich nackt da und versuchte gerade, in meinen Badeanzug zu steigen.
Aber ich lernte es schnell, in der Schule keine Sau und daheim kein Schwein zu sein. Die Regeln dort und hier paßten fast nie zusammen. Wenn ich mich in der richtigen Weise daran hielt, wurde ich nicht mehr soviel ausgelacht.

Doch die ›Großen‹ in der Klasse waren noch immer andere Mädchen. Anneliese, die, wenn sie gerade wollte, meine Freundin war. Vor allem aber Greta. Sie war mir anfangs eigentlich gar nicht aufgefallen. Aber sie wurde eine gute und pünktliche Schülerin und galt bald als ›Schätzchen‹ der Lehrerin. Die andern Mädchen waren nicht eifersüchtig, sondern bewunderten sie.
Greta Sommer konnte und wußte einfach alles. Sie sprach, wie Erwachsene sprechen. Was sie sagte, das machte ›man‹.
Ihr Vater war Chauffeur. Manchmal holte er seine Tochter in seinem prachtvollen Auto von der Schule ab. Dann staunten wir ehrfürchtig. Ich mochte sie nicht besonders. Aber sie wohnte nicht weit von mir, und so ergab sich eine Schulwegfreundschaft. Wenn Anneliese mich verriet und ich mit ihr darum nicht spielen und basteln konnte und wenn die armen Kinder mich aus ihrem Getuschel ausschlossen, ging ich mit ihr. Ich begleitete sie hie und da heim. Auch sie wohnte in einem muffigen Altstadthaus mit dunklen Gängen und vielen Wohnungen. Aber ihre Eltern waren selbst die Hausbesitzer, wie sie immer wieder stolz betonte. Ich wußte nicht, ob meine Eltern auch Hausbesitzer waren, und mußte Mama erst danach

fragen. Nein, wir wohnten in Miete. Greta zog verächtlich die rechte Braue hoch: So etwas mußte man doch wissen!
Ich ging fortan ein und aus in diesem Haus, obwohl die Atmosphäre in ihrer Wohnung mir weniger behagte als die bei den armen Freundinnen, die ich heimlich besuchte. Zu Greta durfte ich. Es schien zwar Mama nicht so recht zu sein. Nur gehörte Frau Sommer derselben Frauenschaftsgruppe* an wie sie, und Herr Sommer war bei der SA wie Papa. Er war sogar SA-Führer. Das war Papa nicht. So ließ es Mama geschehen, daß ich zu Greta ging oder daß sie zu mir kam. Sie war ja auch eine gute Schülerin und hatte vor Erwachsenen ein tadelloses, sicheres Benehmen, was man von Anneliese und mir nicht immer behaupten konnte. – Je mehr ich mit Greta zusammen war, desto stärker wurde der Bann, den sie auf mich ausübte. Was sie dachte, mußte ich auch denken. Was sie schön fand, fand ich auch schön. Oft ließ sie mich spüren, daß ich alles falsch machte, daß ich eben doch von ›gestern‹ sei.
Dann schämte ich mich sehr und bemühte mich verzweifelt, mich ihr anzupassen.
Wir redeten viel, wenn wir zusammen waren. Meist war sie es, die erzählte. Sie wußte einfach alles. Und sie teilte mir auch immer etwas von ihrem Wissen mit. Immer gerade so viel, daß meine erweckte Neugier in mir weiter bohrte und der Drang nach neuen Geheimnissen mich weiter an sie band. Ihr Wortschatz war der der Gassenkinder. Aber sie konnte diese Worte auch im Zusammenhang erklären. Sie wußte, was das hieß: ›ficken‹, und sie teilte es mir genau mit. Sie wußte auch, daß man manchmal davon Kinder bekam und daß sie im Bauch der Mutter wuchsen und daß man dazu auch nicht unbedingt verheiratet sein müsse. Sie wußte von einem Mädchen im Haus, das seine Eltern gesehen hatte, wie sie ›es‹ taten, und sie

---

* *Frauenschaft = Frauenorganisation des NS-Staates*

wußte auch, daß die größeren Mädchen von der Gaß, die ich auch kannte, ›es‹ auch alle taten mit den Buben.
Für mich waren solche Eröffnungen etwas Ungeheures, aber auch etwas seltsam Prickelndes, das mich trieb, immer noch mehr erfahren zu wollen. Um von ihr nicht zu sehr verachtet zu werden wegen meiner totalen Unwissenheit, tat ich so, als wäre mir vieles gar nicht neu. Ich schämte mich vor ihr, weil ich so dumm war.
War ich aber daheim bei Mama, so schämte ich mich auch. Denn es gab jetzt so vieles, was ich ihr nicht sagen konnte.

Gerade hat sie mir gute Nacht gesagt. Sie hat es nicht bemerkt, daß ich ›Mama‹ gesagt habe. Auch mir ist es erst hinterher aufgefallen. Mir ist, als hätte ich etwas Wichtiges verloren. Ich kann nicht mehr Lili zu ihr sagen.
Ich drücke meinen Kopf ins Kissen und weine.

Beim Einschlafen ist mir, als läge ich unter einem bergenden Brückenbogen. Im Traum gehen Gretas Mutter und Mama über mir aufeinander zu. Sie haben beide die gleichen Sammelbüchsen in der Hand und um den Arm die gleiche Armbinde. Büchse und Binde haben ein Hakenkreuz. Die beiden Frauen sammeln vereint fürs Winterhilfswerk. Mama sagt, es sei schön, in einer Volksgemeinschaft arbeiten zu dürfen. Dann nimmt mich Greta an der Hand und führt mich zu den beiden. Aber Mama hat ein Gesicht, das ich nicht erkennen kann.

Auf der Suche nach dem Vater

Mit sieben Jahren entdeckte ich, daß ich die Bücher, aus denen mir immer wieder auf mein Betteln hin vorgelesen wurde, auch selbst lesen konnte. Fortan war meine Zeit gefüllt bis weit übers Gutenachtsagen hinaus. Die Gaß interessierte mich nicht mehr. Da ich meiner Freundinnen ohnehin nie so ganz sicher war, wurden die Bücher bald meine besten Freunde und oft meine Zuflucht.
Ich fand viele Kinderbücher, die Irene gehört hatten, und ich wünschte mir immer wieder neue dazu.
Meine erste Lektüre waren die kleinen ›Sonne- und Regenbücher‹. In ihnen fand ich mich wieder; meine Art, die Dinge und die Welt zu betrachten. Eins davon hieß ›Marli‹. Es war die Geschichte eines kleinen Mädchens, das einsam war wie ich. Aber aus den kleinen Ereignissen des Alltags wuchs ihr viel Freude entgegen, und diese teilte sich auch mir mit.
Nur eins erfüllte mich, je länger ich darin las, mit Staunen: Die größte Liebe dieses kleinen Mädchens galt nämlich seinem Vater. Jeden Morgen läuft es ihm jubelnd entgegen, jeden Abend muß er es liebevoll zudecken. Zum Schluß muß das Kind ins Krankenhaus. Als es wieder gesund ist und heim darf, endet die Geschichte mit den Worten: ›Marli lief zum großen Tor. Da stand der Vater. Er hatte die Arme ausgebreitet, und das Kind lief auf ihn zu, als liefe es mitten in sein Herz hinein.‹
Als mein Erstaunen nachgelassen hatte, passierte es. Ich mußte weinen. Wild und hemmungslos flossen die Tränen in mein Kissen. Obwohl die Geschichte gar nicht traurig geendet hatte, war ich zu Tode betrübt. Und da ich keinen Grund für meinen Schmerz erkennen konnte, überfielen mich Zorn und Verachtung für dieses dumme Buch. Ich nahm es in beide Hände und zerriß es.

Doch das Bild, wie Marli auf den Vater zuläuft, als liefe sie mitten in sein Herz hinein, war nun in mir und ließ sich nicht zerreißen. Auf Andi hatte ich so zulaufen können. Wenn ich von der Schule kam und er war da, empfing er mich mit ausgebreiteten Armen. In diesen Armen fühlte ich mich geborgen. Doch Andi war fort. Er war beim Arbeitsdienst*.
Er hatte es mir erklärt: Der Führer wolle, daß jeder mithelfe, ein besseres Deutschland zu bauen. Dazu mußte Andi ans Meer und ›Land gewinnen‹.
Ich muß oft an ihn denken. Dann betrachte ich das Bild, das er einmal von mir gemalt hat und das jetzt in Mamas Zimmer hängt. Plötzlich erschrecke ich. Ich fühle, wie Papa hinter mich getreten ist. Auch er betrachtet, über meine Schulter weg, das Bild.
»Eigentlich gar nicht so schlecht«, sagt er dann, und in seiner Stimme liegt so viel Lob, wie ich es noch nie von ihm vernommen habe. Schade, daß Andi es nicht hören kann.
»Du bist nun aber tüchtig gewachsen, Nela.«
Er mustert mich von oben bis unten, und ich habe den Eindruck, als sähe er mich zum ersten Mal.
»Was bist du für ein großes Mädel geworden«, sagt er noch einmal. »Weißt du was? Ich modelliere dich! Das wird für die Mama ein Weihnachtsgeschenk. Gleich morgen fangen wir an.«
Ich nicke verlegen. In mir sieht es konfus aus. Erst ist wieder die Angstwolke dagewesen, als er mich angesprochen hat. Doch dann hat er etwas gesagt, das ich fast nicht glauben kann und das mich mit Stolz und Freude erfüllt. Er hat gesagt, ich sei ein großes Mädel. Das hat hier noch niemand zu mir gesagt. Immer war ich die Kleine. Aber gleich bricht dann wieder die

---

* *Arbeitsdienst = vormilitärischer Pflichtdienst von 1/2 bis 1 Jahr für Land- und Straßenarbeiten. Auch für Mädchen Pflicht*

Angst auf. Denn wenn er mich modellieren will, muß ich ja viele Male stillsitzen. In meiner Brust sitzt plötzlich wieder der Kloß. Ich blicke scheu zu Papa auf. Da sehe ich, wie sein Gesicht sich verändert. Das Lächeln, mit dem er mich eben noch angesehen hat, ist wie weggewischt. Er scheint sich über etwas zu ärgern. Mit raschen Schritten verläßt er das Zimmer. Ratlos bleibe ich zurück. Er hat doch gesagt, daß er mich modellieren wolle. Es war also etwas an mir, das ihm gefiel. Aber dann war wieder diese Angst in mir aufgestiegen, und Papa war ärgerlich geworden. Hatte er denn meine Angst auch gespürt?

Ich sitze in seiner Werkstatt. Vor ihm, auf dem hohen Modellierblock, liegt ein Klumpen Lehm. Seine Hände gehen zart und behutsam damit um. Von Mal zu Mal, wenn er mich angesehen hat, arbeiten seine Finger eine neue Rundung, eine neue Vertiefung meines Gesichts aus dem Klumpen heraus. Ich habe das Gefühl, als ob sein Blick, seine Hände und der Lehmklumpen eins wären. Mir ist, als wäre ich selbst mitten darin aufgehoben. Ich habe keine Angst.

Er spricht nicht viel. Doch ich muß ihn plötzlich vieles fragen. Ich will wissen, wie er es macht, daß seine Hände genau das tun, was sein Auge sieht. Er erklärt mir, daß man da vorher viel und fleißig zeichnen müsse.

Ich frage ihn, wie man denn überhaupt sehen kann. Warum man sprechen kann. Warum man gar nichts von sich weiß, wenn man schläft. Tausend Fragen drängen aus mir heraus, tausendmal antwortet er mir. Er scheint sich zu freuen, wenn ich frage, noch mehr, wenn ich ihm aufmerksam zuhöre. Ich überzeuge mich bald davon, daß er alles, aber auch alles weiß. Er ist selbst überzeugt davon, und dies vermittelt mir ein neues Gefühl von Geborgenheit.

Papa strahlte um diese Zeit Optimismus und Sicherheit aus.

Ich wußte, daß er zu denjenigen gehörte, die schon vor der Machtergreifung* an den Führer geglaubt hatten. Das betonte er immer wieder. Nun war er stolz und glücklich, daß er recht behalten hatte. Er hatte für das ›neue Deutschland‹ gekämpft, als die meisten seiner Freunde und Bekannten der Bewegung noch bedenklich und abwartend gegenüberstanden.
Er verehrte den Führer, den »Mann, der alles aus eigener Kraft geschaffen hatte«, wie er sagte. Er hat ihn nie mit eigenen Augen gesehen. Aber er modellierte unzählige Plaketten und später auch ganze Büsten von ihm, dem Besten und Größten.
Als er mein Kinderköpfchen fertig modelliert hatte, waren wir unversehens gute Freunde geworden. Nur durfte ich mir dieses Glücks nie ganz sicher sein. Denn er konnte, wenn ihn im Geschäft etwas ärgerte oder wenn Mama ihm widersprach, grollen wie Donner aus einem gerade noch heiteren Himmel. Dann war es wieder wie früher.

Wir hatten jetzt ein kleines Radio. Wenn der Führer sprach, saß ich, dicht an Papa geschmiegt, vor dem Apparat und lauschte. Ich nahm dann mehr Papas begeisterte Kommentare auf als die Rede selbst, die ich nicht immer ganz verstand.
Wir hörten zusammen auch die täglichen Nachrichten. Ich fragte viel. In Spanien wütete der Bürgerkrieg. Papas Zorn über die Greueltaten der ›Roten‹ dort und Mamas Entsetzen teilten sich mir täglich mit. Papa sagte, der Führer habe uns vor solchen Schrecken bewahrt. Einmal erzählte ich Gretel, was ich gerade über einen großen Sieg der ›guten Spanier‹ vernommen hatte. Da stellte ich zu meinem Erstaunen fest, daß Gretel gar nichts von diesen Ereignissen wußte. Für Politik interessierten sich anscheinend nicht alle Erwachsenen. Auch nicht

---

* *Machtergreifung = Hitlers Regierungsübernahme am 30. 1. 1933*

alle Kinder, schon gar nicht die ›armen‹ Kinder in der Schule. Dafür kauften die ihre Tafeln und Hefte immer noch bei Woolworth, dem ›Wollwert‹, obwohl das doch verboten war. Ich wußte, daß die Eltern nie etwas in einem jüdischen Geschäft kaufen würden.

»Man muß die Juden schneiden, damit sie auswandern«, sagte Papa. Auch auf dem Tennisplatz waren sie nicht mehr erwünscht. Es gab da einen jungen Mann, der schon lange Mitglied und ein beliebter Sportler war. Aber – plötzlich wußte man's – seine Mutter war Jüdin! Man besprach das Problem am Mittagstisch. Papa war Vorstandsmitglied. Nun sollte er diesem Herrn den Austritt aus dem Tennisclub nahelegen. Die Eltern merkten, daß man zwar leicht gegen ›die Juden‹ sein konnte. Aber es widersprach ihren guten Sitten, gegen einen einzelnen, den sie kannten und der ihnen nichts getan hatte, vorzugehen. Darum ärgerten sie sich darüber, daß die Geächteten nicht »anständig genug« waren, von selbst zu gehen.

An den Türen von Restaurants und Cafés, von Kinos und Schwimmbädern konnte man nun oft ein Schild lesen mit der Inschrift: ›Juden unerwünscht‹. Es wurde gelesen und hingenommen, nicht anders, als wenn ›Rauchen unerwünscht‹ daraufgestanden hätte.

Eines Tages sagt Mama beim Mittagessen: »Der Gold ist auch Jude.«

Ich beginne zu zittern. Das Schokoladengeschäft Gold liegt an meinem Schulweg. Ich habe es entdeckt, kaum daß ich zur Schule ging, und eines Tages habe ich mich hineingewagt. Da fand ich, daß es da schon für einen Pfennig die herrlichsten Dinge gab: Schlotzer, drei große Bonbons oder sogar ein richtiges Zuckerpüppchen. Nirgends sonst bekam man so viel für einen Pfennig. Natürlich war es mir streng verboten, Geld zu verschlecken, aber ebenso natürlich tat ich es doch. Und nun muß ich hören, daß ich bei einem Juden gekauft habe. Ich

spüre, wie ich erröte, und werde auch prompt von Reni gefragt: »Warum wirst du denn so rot?«
Große Schwestern sind oft so taktlos.
Sie bekamen nichts aus mir heraus. Aber ich betrat den Laden nie mehr. Es war für mich schlimmer, für drei Pfennige in einem jüdischen Geschäft eingekauft zu haben, als das elterliche Verbot, Geld zu verschlecken, zu übertreten.

Ich muß diese Scharte wieder auswetzen.
Wir haben Besuch. Ich spiele mit einem kleinen Mädchen, das mitgekommen ist und das Evi heißt, unten im Hof. Wir haben uns eine Hütte gebaut. Plötzlich muß ich dringend aufs Klo. Ich bin aber zu faul, die Treppe hinauf in die Wohnung zu laufen. Kurze Beratung, Einwände von der braven Evi. Doch dann verträgt die Sache keinen Aufschub mehr. Da setze ich mich in den Lagerschuppen, der den Fräulein Liebel gehört, zwischen die Schachteln, die ich immer schon gern gehabt hätte.
Einige Tage später erwischt mich eine der Damen allein und fragt mich geradeheraus, ob ich es gewesen sei, die den Haufen in ihren Schuppen gesetzt habe.
Ich leugne frech und ausdauernd. Nein, auch das andre Mädchen sei es nicht gewesen.
Sie aber glaubt mir nicht.
Ich kann die zitternde Erregung in ihrer Stimme nicht vergessen, als sie mir rät, solche Geschäfte in Zukunft woanders zu verrichten. Ich zittre noch lange hinterher, aus Furcht, sie könne es Mama sagen. Sie hat's nicht getan.
Und ich habe diese Geschichte keinem Menschen erzählt. Sie hockte stinkend in meinem Innern, dicht neben Paules Treppensturz. Ich mußte sie verdrängen, hinter Schildern mit ›Juden unerwünscht‹, hinter den Informationen aus der Zeitung, daß alles Schlechte auf der Welt durch die Juden käme. Aber sie stank immer wieder durch.

Kurz nach Weihnachten 1935 wurde Mama schwer krank. Eine gefährliche Lungenentzündung fesselte sie ein Vierteljahr ans Bett. Reni, die gerade die mittlere Reife gemacht hatte, pflegte sie liebevoll.

Papa hatte viel zu tun. Er sah nun, welch einen großen Teil der Geschäftslast seine Frau immer getragen hatte. Er war nachdenklicher als sonst. Er ging auch weniger aus und machte sonntags manchmal mit mir einen Spaziergang. Dabei fing er an, mir spannende Geschichten zu erzählen. Sie waren nicht so märchenhaft und lustig wie Andis Geschichten. Sie handelten von Abenteurern und Forschern. Er hatte eine besondere Vorliebe für solche Bücher.

Aber er hatte wenig Zeit. Zum ersten Mal wurde ich gebraucht, um fürs Geschäft kleinere Botengänge zu übernehmen. Ich war sehr stolz darauf.

Eines Nachmittags mußte ich ein paar Rechnungen bezahlen. Ich bekam 26 Mark und vierzig Pfennige mit und viele Ermahnungen, das Geld ja nicht zu verlieren. Ich holte Anneliese ab, damit mir die weiten Wege nicht zu langweilig würden. Das Geld behielt ich zur größeren Sicherheit in der Hand. Wir unterhielten uns sehr gut, so gut, daß ich es nicht bemerkte, wie meine verkrampfte Hand sich öffnete und den Geldbeutel fallen ließ.

Ich mußte, voll Angst und Verzweiflung, Papa unter die Augen treten. Gleich würde die Welt über mir zusammenstürzen, und alles würde wieder so schlimm werden wie früher . . .

Aber es geschah etwas Unerwartetes. Er tobte nicht. Denn Mama war krank und durfte sich nicht aufregen. Sie durfte nichts von dem Geldverlust erfahren.

Am nächsten Morgen, einem Sonntag, werde ich von ihm ins ›Gute Zimmer‹ gerufen.

»Ich werde dich nun bestrafen«, verkündet er feierlich. »Damit

du nie mehr vergißt, daß wir im Schweiße unsres Angesichts unser Brot verdienen müssen.«
Obwohl alles an mir zittert, muß ich doch sehr staunen. Denn ich habe ihn noch nie die Bibel zitieren hören. Biblische Geschichten gehören in den Religionsunterricht, aber nicht in Papas Mund.
»Du wirst von jetzt an zehn Mark zusammensparen. Ehe du dieses Geld beisammen hast, darfst du keinen einzigen Wunsch äußern, zu keiner Freundin gehen und auch keine mitbringen. Außerdem mußt du die sechsundzwanzig größten Flüsse der Welt aus dem Atlas heraussuchen, die sechsundzwanzig größten Städte und höchsten Berge.«
Damit bin ich entlassen.
Mit meinem wöchentlichen Geld für Kakao, das fünfunddreißig Pfennige betrug, und dem von Sylvia, die den Schulkakao nicht mochte und deshalb gern darauf verzichtete, mit Pfenniggaben aus Renis Tasche und mit einer ganzen Mark von ihrer Freundin, mit mühsam zusammenverdienten Zehnern für Botengänge aller Art hatte ich ein Vierteljahr später das Geld beisammen. Auch die Flüsse. Ich habe dabei gelernt, mit dem Atlas umzugehen. Aber ich war doch froh, daß Papa dann vergessen hat, die Berge und Städte nachzufordern.

Wir sitzen alle gemütlich beieinander. Es ist Samstagabend, und wir sind fröhlich, weil Mama endlich wieder dabei ist. An meine zusammengesparten zehn Mark denke ich überhaupt nicht, weil ich ja noch nicht alle Städte und Berge herausgefunden habe.
Da zieht Papa mich plötzlich in die Arme und küßt mich.
»Ich bin sehr stolz auf meine kleine Tochter!« verkündet er. »Sie hat in drei Monaten zehn Mark zusammengespart und kein Wort darüber verloren. Nun darf es auch die Mama wissen.«

Dann schenkt er mir das so mühsam zusammengekratzte Geld für meine Sparkasse. Ich darf sie selbst hineinwerfen, all die vielen roten und gelben Münzen. Einen kurzen Augenblick fühle ich etwas wie Enttäuschung darüber. Ich habe doch geglaubt, ich hätte das Geld ›im Schweiße meines Angesichts‹ zusammensparen müssen, damit wir unser Brot kaufen könnten.
Aber dann ist das alles nicht mehr so wichtig für mich. Papa hat die Arme ausgebreitet und mich aufgefangen.
Ich bin mitten in sein Herz hineingelaufen.

Der nachgemachte Heiland

In der Religionsstunde bei Fräulein Lechler hörte ich zum ersten Mal biblische Geschichten. Ich hörte staunend zu. Im Anfang war da der sehr alte Mann Abraham. Seine Geschichte beschäftigte mich sehr. Ich war froh, daß Abraham in dem Mann, der ihn besuchte, den lieben Gott nicht erkannt hatte. Das Problem von der Opferung Isaaks blieb in einer Randzone meines Begreifens hängen. Ich konnte die Gefühle von Vater und Sohn nicht nachvollziehen.
Das Strafgericht, von dem Sodom und Gomorrha heimgesucht wurden, konnte ich mir schon besser vorstellen. Ich erinnerte mich an mein frühkindliches Hagelerlebnis.
Dann erfuhr ich von den Brüdern Jakob und Esau. Ich erfaßte nicht genau, was es mit dem Erstgeburtsrecht auf sich hatte. Aber ich begriff, daß da eine Situation gegeben war, die der meinen ähnelte. Auch Jakob war der Jüngste und wollte es nicht sein. Das verstand ich. Dagegen konnte ich Esau nicht verstehen. Denn Linsen gehörten für mich zu jenen Gerichten, die ich nur mit äußerster Mühe hinunterwürgen konnte.

Den Höhepunkt aller Geschichten aber bildeten für mich die um Josef. Ich liebte und beneidete ihn, weil er so sehr Vaters Liebling war. Als ich erfuhr, wie hart ihn deshalb die Eifersucht seiner großen Brüder traf, dachte ich, daß es vielleicht doch besser wäre, kein solcher Liebling zu sein. Sein Sturz in den Brunnen und der Verkauf an die Ägypter entsetzten mich zutiefst. Und dann erhielt später dieser arme Josef Macht über seine Brüder. Er gebrauchte seine Macht, um sich ihnen gnädig zu erweisen. Dieser Gedanke faszinierte mich besonders. In ganz einsamen, verlassenen Stunden daheim, wenn ich weinend an der Säule lehnte, den Bären im Arm, um ihn in meinem Kummer zu trösten, weil wieder einmal alle Großen mich erzogen hatten und ich mich von niemandem verstanden fühlte, da mußte ich nun an Josef denken. Auch ihn hatte niemand verstanden. Er hatte Träume. Auch von mir behaupteten sie alle, ich träumte dauernd, obwohl ich gar nichts davon wußte.

In der zweiten Klasse hörten wir die Geschichte von Mose. Ich begriff nicht, warum man den armen erstgeborenen Knaben nicht einfach Mädchenkleider angezogen hatte, um sie vom Tode zu erretten. Der Zug der Kinder Israel, erst durchs Rote Meer und dann durch die Wüste, beeindruckte mich, wenn ich auch die Nöte solch eines Wüstenirrwegs nicht erfassen konnte. Denn ich wunderte mich sehr, daß das Volk immer gegen Gott murrte. Gott meinte es doch so gut mit ihnen, und er führte sie wirklich ins Gelobte Land, wo es so große Trauben gab, daß man sie an Stangen über der Schulter tragen mußte. Ich bedauerte immer wieder, daß die Bilder in unserem Buch nicht bunt waren.

Mein Herz gehörte den tapferen Kindern Israel, auch wenn sie manchmal murrten. Ich hatte jedoch keine Ahnung, daß Israeliten Juden waren.

Weil Greta in die Sonntagsschule ging, wollte ich natürlich auch hin. Mama widerstrebte es etwas, aber sie ließ mich gewähren. Zum ersten Mal betrat ich das Innere einer evangelischen Kirche. In jeder Bankreihe saßen Kinder mit einer Erzähltante. Ich konnte aber nicht aufnehmen, was unsere ›Tante‹ sagte. Ich mußte sie dauernd anstarren. Sie hatte einen deformierten Körper und verkrüppelte Hände. Ein Erlebnis, das noch frisch und unverarbeitet in meiner Seele rumorte, beschäftigte mich so, daß ich nicht aufpassen konnte. Es war ein paar Wochen zuvor gewesen.
Mama hatte einen Brief bekommen, und sie hatte entsetzt aufgeschrien: »Stellt euch vor, am Sonntag wollen die Claudia und die Charlotte uns besuchen!«
Papa hatte barsch gesagt, er habe da schon eine Verabredung, und Reni hatte ebenfalls weh und ach geschrien, und daß sie an dem Tag ausreißen würde, und daß es ein Skandal und peinlich sei.
Sie mußte natürlich dableiben, und ich war nun sehr gespannt, wer da wohl käme.
Es kamen zwei alte Basen von Mama. Die eine wandelte in wunderlichen, weiten Gewändern, die andre saß in einem Kindersportwagen, rechtwinklig zusammengekrümmt, mit total verformten Händen und einem schiefen Gesicht. Das war Tante Claudia. Ihre Schwester Charlotte versorgte sie. Nun wollten sie ihre Verwandten in der Stadt besuchen. Sie waren in der ›Herberge für junge Mädchen‹ abgestiegen – obwohl sie doch so alt waren.
Mich durchfuhr spontan brennendes Mitleid mit der armen Tante, die nie mehr richtig gehen konnte und große Schmerzen haben mußte, denn ihr Gesicht zuckte immer wieder. Mama sagte später, sie habe Gicht. Ich habe Reni nicht verstanden, daß sie sich so gebärdet hatte, und Papa auch nicht. Ich hörte aus der Unterhaltung, die sehr lebhaft wurde, heraus, daß die

beiden einer Religion angehörten, die einen unaussprechlichen Namen hatte, und daß sie Mama von dieser Heilslehre überzeugen wollten.

An mir schienen sie große Freude zu haben. Sie luden mich ein, sie doch am nächsten Tag in ihrer Herberge zu besuchen. Ich fand, daß es ein schöner Tag mit ihnen war, und ich verstand nicht, warum Reni so kichern mußte, weil Tante Charlotte beim Mittagessen für sich eine große gelbe Rübe aus der Tasche zog, die sie anstatt des angebotenen Bratens aß. Ich hatte die beiden eigentlich recht gern.

Als mich aber am nächsten Tage Greta in der Schule vor allen andern fragte, was denn das gestern für Deppen gewesen seien, die in unser Haus gegangen wären, ob die etwa zu uns gewollt hätten, da habe ich sie glatt verleugnet. Ich schämte mich dieser ›unnormalen‹ Verwandtschaft.

Von Greta wußte ich, daß es im neuen Deutschland nicht nur keine Juden, sondern auch keine ›deppeten Menschen‹ mehr geben dürfe. Das hatte ihr Vater gesagt, der SA-Führer war und der es wissen mußte.

Plötzlich freute ich mich nicht mehr auf meinen versprochenen Besuch bei den Tanten. Denn ich schämte mich auch andersherum. Weil ich sie verleugnet hatte. Sie waren doch so nett. Und sie waren keine ›Deppen‹.

Als ich am Nachmittag zu ihnen ging, war ich verkrampft und gehemmt. Sicher haben sie es gespürt. Tante Charlotte zeigte mir die Bilder, die sie malte. Es waren rosa und lila Kompositionen in Pastell. Sie erinnerten mich auch undeutlich an frühe Eindrücke aus dem ›Tuchhaus‹ und an Papas Schmähreden über solches ›Geschmier‹. Mit diesem früh angenommenen Wertmaßstab betrachtete ich diese Werke, und ich fand sie so schrecklich, daß ich mich entschloß, es doch lieber mit Mama, Irene und Greta zu halten und den Tanten in Zukunft meine Anteilnahme zu versagen.

Dennoch war mir die Erinnerung an sie sehr unangenehm. Ich hatte wieder mal ein schlechtes Gewissen. Während die Tante in der Kirche erzählte, mußte ich dauernd an Tante Claudia denken.
Fortan ging ich nie mehr zur Sonntagsschule.

Ende der zweiten Klasse wurde ich lange krank. Weil ich hinterher so elend war, wurde mir Luftveränderung verordnet. Ich wurde ins Allgäu gebracht.
Dort wohnte ich in einem kleinen Bergdorf bei Tante Grete. Sie war Papas Schwester, die ich, zusammen mit Irene, schon ein paarmal in den Ferien hatte besuchen dürfen. Sie betrieb mit ihrem Sohn und zwei Knechten einen Bauernhof.
Sie war die beste Tante der Welt. Deshalb nannte ich sie ›Tinti‹. Sie nahm mich immer ganz ernst, ging auf all meine Gedanken ein, auch auf die versponnensten, und machte meine Probleme zu ihren. Zum Beispiel war da die Wurzel, die im Garten, wo ich den Schnee weggegraben hatte, senkrecht aus dem Boden ragte. Ob sie wohl schon zum Haar der Wurzelfrau gehörte? Ich wagte es nicht mehr, mich dieser Stelle zu nähern, und sie riet mir, meiner Vorsicht zu gehorchen. Sie brachte mich mühelos dazu, ihr im Schuppen beim ›Büschele machen‹ zu helfen, obwohl das eine häufige und langweilige Arbeit war. Sie erzählte mir dabei spannende, selbstgedichtete Geschichten, stets auf meine Bestellung: »Es muß gut anfangen, dann darf's ganz schlimm werden, und dann muß es wieder gut aufhören.«
Sonntags ging die Tante drei Kilometer zu Fuß ins Nachbardorf in die Kirche. Ich durfte mit. In dieser Kirche roch es sehr gut, und es sah da ganz anders aus als in jener, die ich vom Kindergottesdienst her kannte. Alles war bunt und golden, und es brannten viele Kerzen. Wenn man niederkniete, kam die Feierlichkeit noch viel stärker über einen, und das eintönige

Gemurmel der frommen Leute, in das auch die Tante einfiel, paßte gut dazu. Bald konnte ich das von der ›Heiligen Maria‹ mitmurmeln.
Einmal nahm sie mich mit zur Kirche, obwohl kein Sonntag war. »Heute ist der Heiland gestorben«, erklärte sie mir.
»Wer ist das?« fragte ich.
»So heißt der liebe Gott!«
Die Tante wunderte sich ein wenig, daß ich das nicht wußte. Ich erschrak sehr. Konnte der liebe Gott denn sterben?
»Er ist gestorben und wieder auferstanden«, sagte sie. »Aber heute kannst du in der Kirche sehen, wie er tot ist.«
Ich betrat ängstlich die Kirche. Nach dem Gottesdienst nahm sie mich nach vorn zum Altar mit den vielen Kerzen.
Da lag, auf Blumen aufgebahrt, eine große Steinfigur. Sie hatte lange Haare und einen Kranz auf dem Kopf, der nicht aus Blumen, sondern aus Dornen geflochten war. Ich wußte nicht, wer das sein sollte, der da lag. In der Religionsstunde hatte ich noch nichts vom Leiden Jesu Christi gehört. Nur von seiner Geburt.
Ich war ein wenig verwirrt. Diese Steinfigur glich in nichts dem lieben Gott aus dem Bilderbuch und auch nicht dem Bilde von dem fremden Mann, der Abraham besucht hatte und der auch der liebe Gott war. Irgend etwas stimmte da nicht.
Auf dem Heimweg ging ich sehr still und nachdenklich an Tantes Hand. Plötzlich wußte ich, was da nicht stimmte: »Du, Tante! Der Heiland in der Kirche kann ja gar nicht tot sein. Er ist doch bloß nachgemacht.«

Neben der Kirche lag die kleine Dorfschule, in die ich täglich durch den Schnee stapfen mußte. Ich zog den Ranzen auf dem Schlitten hinter mir her und beneidete die andern Kinder, die diesen weiten Weg auf ihren Skiern zurücklegen konnten. In dieser Schule durfte ich gleich in die dritte Klasse gehen. Das

gab mir, dem ›Stadtfratzen‹, ein gewisses Ansehen. Ich fand es sehr merkwürdig, daß hier Erst-, Zweit- und Drittkläßler, Buben und Mädchen, alle in einem Raum unterrichtet wurden. Im Religionsunterricht beim Pfarrer genoß ich eine Sonderstellung. Ich durfte Skihosen tragen. Die katholischen Mädchen durften es nicht. Ich erfuhr von ihnen, daß ich Protestantin war. Ich hatte dieses Wort noch nie gehört. Die Dorfkinder fragten mich, ob denn die Protestanten auch an Gott glaubten. Als sie dann hörten, wie gut ich in den biblischen Geschichten Bescheid wußte, vergaßen sie das, was an mir anders sein sollte.
Das, was anders war für mich, waren die Bilder im Katechismus. Sie faszinierten mich; denn sie waren bunt. Ich konnte mich nicht sattsehen daran. Da war die Hölle abgebildet, noch viel grausiger als im ›Hans Wundersam‹, denn ich fand darin schmorende Menschen. Sie waren schon ganz braun.
Auf der Seite weiter vorn fand ich ein Bild, unter dem die seltsamen Worte standen: ›Jüngstes Gericht‹. Da saß ein König mit erhobenen Händen. Rechts von ihm zog ein Zug strahlend weißer Menschen in ein Land voll rosagoldener Wolken hinein, in dem pausbäckige Englein die Trompeten bliesen und Harfe spielten. Das Mädchen neben mir wußte, daß dies der Himmel und die komischen Instrumente Harfen seien. Zur Linken des Königs aber schlichen tief gebückte, braune Menschen auf ein Tor zu, aus dem rotgelb die Flammen herausschlugen. Diese Menschen hatten abwehrend die Hände vor ihre Gesichter gedrückt. Aber es half alles nichts. Sie mußten hinein in die Flammen, denn sie waren die Sünder.
Ich war von zwiespältigen Gefühlen beherrscht. Einerseits beneidete ich die katholischen Kinder um ihre schönen bunten und gruseligen Bilder. Andererseits war ich froh darüber, daß mein Buch mit biblischen Geschichten den Menschen keine solche Schreckensszenen voraussagte. Ich hätte gerne mit der

Tante darüber gesprochen. Aber ich wußte nicht, wie ich das anfangen sollte.
Sie erzählte mir einmal, daß Papa eigentlich auch katholisch wäre. Das konnte ich nicht begreifen. Ich fand, es paßte nicht zu ihm. In unserer Stadt waren nur die Dienstmädchen katholisch. Sie mußten sonntags ganz früh in die Kirche. Sonst war mir daheim noch kein Katholik begegnet.

Das änderte sich nun bald nach meiner Rückkehr nach Hause. Als ich in die vierte Klasse kam, wurden die Konfessionsschulen in Einheitsschulen verwandelt. Jedes Kind sollte in die ihm am nächsten gelegene Schule gehen. Ich weinte, weil ich nun von Anneliese weg in eine andere Schule mußte. Zusammen mit Greta kam ich in die sehr nahe gelegene Augustinerschule. Die war bisher katholisch gewesen.
Hier bekam ich zum ersten Mal einen Lehrer. Herr Urban war streng, aber sehr gütig. Er war der erste Mann in meinem Leben, vor dem ich mich nicht fürchtete.
Die paar Evangelischen, die neu in der Klasse waren, hatten alle etwas besser gestellte Eltern. Darum waren wir Neuen bei Herrn Urban rasch angesehen. In der ›ersten Abteilung‹, in der wir für die Aufnahmeprüfung vorbereitet wurden, waren nur wenige Kinder, die bisher schon in die Augustinerschule gegangen waren. Die Klassenbeste war nicht dabei. Sie war katholisch und arm.
Wir hatten nun mit Buben zusammen Religionsstunde. Das war für Greta sehr aufregend. Sie fand wirklich schon Freunde. Ich staunte darüber sehr. Aber eigentlich interessierte es mich nicht.

Um so mehr beschäftigten mich nun die neuen Tischgespräche daheim. Man redete plötzlich, eigentlich zum ersten Mal, von der Kirche. Ich hörte aufmerksam zu.

Da fiel immer wieder das Wort ›Kirchenstreit‹. Man sprach von einem unverschämten, dummen Bischof, der auch noch ›Wurm‹ hieß, und von der ›Bekenntnisfront‹, die, wie ich hörte, aus lauter bornierten, geistig hochmütigen und spießigen Leuten bestand. Diese Leute verehrten den Führer nicht. Unglaublich, daß es das gab!
Aber da waren die ›Deutschen Christen‹. Die hatten endlich ein Christentum gefunden, das man annehmen konnte. Ein Christentum ohne Juden. Denn Jesus war nachweislich keiner.
»Wieso?« dachte ich. Der Gedanke, daß Jesus mit den Juden zusammenhängen könnte, war mir noch nie gekommen.
Aber Paulus war Jude, hörte ich nun. Der würde jetzt aus der Bibel ausgemerzt. Das kümmerte mich nicht sonderlich. Ich wußte nicht, wer Paulus war. Er war mir in der Grundschule noch nie begegnet. Hie und da besuchte uns der Pfarrer Heinrich. Er war auch ›Deutscher Christ‹. Mama sagte, daß er ein gelehrter Mann sei. Aber er sei aus der Kirche rausgeschmissen worden, nur, weil er ›Deutscher Christ‹ war. Die Eltern unterhielten sich gern mit ihm. Mama war ganz erfüllt von dieser neuen Heilslehre. Hier fand ihr Hang zu einer schwärmerischen Religiosität reiche Nahrung. Pfarrer Heinrich sagte, es sei der heilige Auftrag der Deutschen, den christlichen Glauben von jüdischen Einflüssen zu säubern. Ich saß interessiert dabei und hörte mit, wenn ich auch nicht alles verstand.
Ich wußte, daß die Leute in die Kirche gingen, um zum lieben Gott zu beten und etwas über ihn zu hören. Der liebe Gott aber hatte uns doch den Führer geschickt. Wie konnte es dann sein, daß die Leute von der Kirche den Führer nicht verehrten? Ich hätte gern Mama um Rat gefragt. Aber es war zu schwierig, davon anzufangen.

Wir sind wieder wer

Neunzehnhundertdreiunddreißig bis neunzehnhundertsiebenunddreißig. Vier Jahre, in denen sich unser Leben grundlegend verändert hat. Die Nachwirkungen der großen Weltwirtschaftskrise der frühen dreißiger Jahre sind abgeklungen. Es gibt wieder Arbeit. Der kleine Mann fragt nicht nach dem Ziel seiner Arbeit. Er sieht nicht, daß das, was ihm Brot gibt, Zerstörung schaffen wird. Auch die Autobahn. Er weiß nur, daß ihm für diese Autobahn der Volkswagen in Aussicht gestellt ist, greifbar und verlockend, denn er soll nur 900 Mark kosten. Er freut sich, daß er schon im voraus mit der Zahlung der kleinen Raten beginnen kann.

Seit der Führer da ist, gibt es ›Arbeit und Brot‹.

Seit der Führer da ist, herrschen ›Ruhe und Ordnung‹.

Seit der Führer da ist, schließt sich um ›Kopf und Hand, Stadt und Land ein festes Band‹.

Seit der Führer da ist, wird die kinderreiche Mutter nicht mehr verachtet, sondern geehrt. Sie bekommt anstatt Kindergeld das Mutterkreuz.

Seit der Führer die glänzenden Wehrparaden marschieren läßt, zieht man auch im Ausland wieder den Hut vor dem Verlierer des Weltkriegs. Alle kommen sie angereist, die Botschafter und Diplomaten, und berauschen sich am Glanz der Olympiade. Der kleine Mann hört mit im Volksempfänger. Er hört:

Seit der Führer da ist, sind wir wieder wer!

Die Propagandamaschine tut ihre Wortwirkung.

Die Deutschen, das Volk der ›Dichter und Denker‹, sind anfällig fürs Wort. Das Denken haben viele verlernt.

Für Papa war SA-Dienst Ehrensache. Auch wenn ihm nicht

alles dort behagte. Volksgemeinschaft war in der Praxis etwas Schwierigeres als in der Theorie. Aber er traf bei der SA in jenen Jahren endlich auch alte Freunde, die aus den deutschnationalen Verbänden* kamen. Die paar ›alten Kämpfer‹ aus dem Bürgertum sahen ihnen ihre späte Bekehrung zum Führer gnädig nach.

Mama war nach der Machtergreifung der NS-Frauenschaft beigetreten. Dort wollte sie in der Volksgemeinschaft mitarbeiten. Aber Frauenturnen, Bierausflüge und erbauliche Unterhaltungsabende mit seichter politischer Schulung lagen ihr nicht. Sie wollte etwas für die soziale Gerechtigkeit tun. Deshalb wurde sie ehrenamtliche Fürsorgerin.

Ich durfte sie oft in die schäbigen, muffigen Häuser begleiten, in denen die armen Leute wohnten. Mama sah, daß hier Mutterkreuze nichts halfen. Ich hörte oft bei Tisch, wie viele Ämter sie bewegt hatte, um Familien, die nur ein Zimmer bewohnten, eine bessere Bleibe zu verschaffen. Sie trieb Geld auf, oft aus ihrer eigenen Tasche, um Anschreibschulden bei Frau Helbrich zu bezahlen. Sie brachte den Mutterkreuzanwärterinnen Kleider für ihre Kinder, und sie vermittelte Ferienplätze für die Unterernährten.

Aber den Begleitern der Armut, dem Undank, der Verschwendungssucht und dem Alkohol, stand sie verständnislos gegenüber.

Im Gespräch über eine solche Fürsorgefamilie, von welcher der Mann alles Geld vertrank und den von Mama herbeigeschafften Kinderwagen ins Versatzhaus trug, fiel zum ersten Mal das Wort ›Dachau‹. Und ›Konzentrationslager‹. Mama fand, das sei der richtige Ort für solch arbeitsscheue Elemente. Sie konnte nicht verstehen, warum die Frau solch ein Lamento machte. Lieber wolle sie alles von ihm ertragen, lieber ›ver-

---

** Deutschnationale Verbände = Rechtsgruppen der Weimarer Republik*

kaufe‹ sie sich, als daß ihr Alter noch einmal nach Dachau müsse, jammerte sie.
Mir fiel ein, daß auch Greta von Familien wußte, deren Väter nach Dachau gekommen waren. Sie sagte, mit diesen Leuten dürfe man nicht sprechen. Sie seien Kommunisten. Die Männer seien abgeholt worden, weil sie gegen den Führer seien. Nach Dachau oder auf den Heuberg. Ihr Vater habe als SA-Führer oft Nachtdienst, um ›aufzuräumen‹. Das sei sehr anstrengend. Aber sie dürfte das, was sie mir eben gesagt hatte, niemand sagen.
Es war etwas so Dunkles, Ungewisses in ihren Worten, daß ich zwar neugierig wurde, aber doch eine große Scheu hatte weiterzufragen. Sie wußte wieder so viel von Dingen, von denen ich keine Ahnung hatte. Es war wie das, was, wie sie sagte, zwischen Buben und Mädchen und Männern und Frauen war. Ich fand es drum besser, auch dies Wissen vor Mama geheimzuhalten.

Nach ihrer langen Krankheit schränkte Mama ihre soziale Tätigkeit stark ein. Es ging ja nun – so konnte man's allenthalben hören – dank dem Führer allen Leuten so viel besser! Auch uns. Das Geschäft blühte langsam auf. Ein kleines Erbe kam dazu. Mamas Traum, ein eigenes Heim zu haben mit Garten und mit viel Sonne, würde bald Wirklichkeit werden können. Sie entwarf dazu viele Pläne, und Papa fand endlich den geeigneten Bauplatz.
Ich erlebte den Hausbau sehr bewußt und voll Eifer. Oft saß ich rittlings auf dem noch ungedeckten Dachfirst und genoß die Freude, die ich wie eine warme Welle in mir aufsteigen fühlte. Hier würde etwas entstehen, was eine wirkliche Heimat werden könnte.
Als das Haus fertig war, stellte ich den Bau in einem langen, illustrierten Gedicht dar, das ich Papa zu Weihnachten schenk-

te. Ich sah, daß er stolz auf mich war. Das machte mich glücklich.
Das Gefühl, in einem neuen, sonnigen Haus zu wohnen, war wundervoll. Ich lernte zum ersten Mal den Gesang der Amseln und das Gezwitscher der Finken kennen. Ich genoß den Garten. Bald blieben fremde Spaziergänger der Blumenpracht wegen an unserm Gartentor stehen. Auch die Eltern freuten sich daran, jeder auf seine Weise. Papa erwies sich wieder einmal als der Mann, der alles konnte. Er baute Mauern, pflanzte Bäume und bestellte das Land. Nur in Mamas Blumenbeete durfte er nicht geraten!
Sie hatte es längst gelernt, sich gegen ihn zu behaupten. Die Gemeinsamkeit, die sie in ihrer beider Glauben an den Führer gefunden hatte, verlieh ihr Mut und Kraft.
Sie war nun eine Frau von 44 Jahren, eine schöne, stattliche Südländerin. Immer noch hatte sie pechschwarzes Haar, das sie seit eh und je in der Mitte gescheitelt trug. Immer noch hatte sie Augen, die sprechen konnten. Sie sprachen auch da, wo der Mund es nie getan hätte.
Jetzt gewann sie mit dem Garten wieder Mut und Lebensfreude. Sie gestaltete das Haus voll Liebe und Kunstsinn, voll eigener Ideen und schuf uns allen Gemütlichkeit.
Nur wenn von Andreas die Rede war, verdunkelte sich ihr Blick. Das war schlimm für mich, denn ich hätte so gern viel von ihm gesprochen. Er fehlte mir sehr. Er war nicht mit ins neue Heim gezogen.
Nach dem Arbeitsdienst hatte er seine Militärzeit ableisten müssen. Nach seinem letzten Urlaub hatte er die Tür noch heftiger zugeschlagen als früher.
Nun war er in Norddeutschland.
Fast gleichzeitig mit dem Umzug ins neue Haus kam ich in die Oberschule. Die alte Mädchenrealschule hieß jetzt ›Deutsche Oberschule für Mädchen‹.

Ich traf dort viele Mädchen aus meiner ersten Grundschulzeit wieder. Auch Greta kam in meine Klasse.
Wir kamen zu Fräulein Gellert, die seit zwanzig Jahren allen ersten Klassen vorstand. Sie kannte alle ›Familien‹ der Stadt. Hatte man das Glück, daß sie schon einmal jemand nah Verwandtes unter ihren Fittichen hatte, galt man für sie als altbekannt. So auch ich.
Die neue Schule machte mir Spaß. Ich freute mich über die ersten englischen Worte, die wir bald sprechen und singen konnten, lernte mühsam die lateinischen Ausdrücke für Satzgegenstand, Hauptwort und Umstandswort und fühlte mich unter den andern Kindern recht wohl. Ich fand unter ihnen auch eine neue Wohnnachbarin. Sie hieß Hannelore und wohnte in einem älteren, herrschaftlichen Haus, das schon vor einer Generation gebaut worden war. Wir freundeten uns auf dem gemeinsamen Schulweg ein wenig an. Aber ich mußte mich um diese Freundschaft etwas bemühen. Ich hatte das Gefühl, daß sie ein bißchen auf mich herabsah. Dies verletzte mich. Aber da ich sie ja zur Freundin haben wollte, schluckte ich meine Kränkung hinunter. Doch die Wut saß in mir, wie eine Katze, die auf Beute lauert.
Als Beute suchte sich die Katze in mir ein anderes Mädchen aus, über das ich mich ebenfalls ärgern mußte. Dieses Mädchen hatte nämlich, ohne es zu wissen, meinen Vorrang im Zeichnen und Malen in Frage gestellt. Seit Fräulein Lechler mir einst über die Schulter geblickt hatte, als ich den Maikäfer malte, war ich nämlich überzeugt davon, daß ich immer am allerbesten von allen malen konnte. Auch der Papa und Andi konnten es doch am besten.
Ilse Körner hatte schon vor der ersten Zeichenstunde meinen Neid erregt. Sie sprach nämlich hochdeutsch, und ich mußte zu meinem Erstaunen feststellen, daß niemand sie auslachte. Sie war selbstbewußt und artig und ließ niemand im Zweifel

über ihre gute Erziehung. Dann aber geschah das Unerhörte: Als wir unsre Lieblingspuppe malten, wurde Ilses Bild besonders gelobt, nicht meins. In der zweiten Zeichenstunde war es wieder so. Obwohl ich mir diesmal extra Mühe gegeben hatte. Ich fühlte mich wegen des ›Geschmiers‹ einer andern zur Seite geschoben!
Ich fing an, die arme Ilse mit meinem Haß zu verfolgen.
Ich äffte ihre Sprache nach. Ich lachte laut, wenn sie im Unterricht etwas sagte. Ich kritisierte ihre Kleider. Ich warf ihr beim Turnen den Ball an den Kopf.
Ich, die so lange unter dem Spott und der Abkehr der andern hatte leiden müssen, ich zahlte nun Ilse all meine Qualen heim. Obwohl sie doch eigentlich gar nichts dafür konnte. Sie wußte selbst nicht einmal, daß sie besser malte als ich. Ein Anflug von schlechtem Gewissen bohrte deshalb unangenehm in mir. Dies mußte ich überspielen. Ich griff nach Gefühlen, die in der Luft lagen:
Ilse war Offizierstochter.
Papa hatte gesagt, die meisten Offiziere wären immer noch hochmütig. Er hatte es gesagt, um Irene zu trösten. Sie hatte geweint, weil eine ihrer Freundinnen sie belehrt hatte, daß sie niemals einen der hübschen Leutnants, die so gerne mit ihr tanzten, heiraten könne. Denn ihr Vater stehe eben doch nur hinterm Ladentisch.
Ich warf nun Ilse vor, sie verachte mich, das ›Arbeiterkind‹! Ich gefiel mir sehr in dieser Rolle.
Nun machte auch Greta mit. Aber nicht nur sie. Bald hatte ich die halbe Klasse auf meiner Seite. Ich genoß meine Macht. Und meinen Sieg. Denn Hannelore war auch dabei. Ich hetzte immer weiter gegen Ilse. Darüber konnte ich die Gedanken an meinen Neid und meine Ungerechtigkeit vergessen.
Eines Tages werde ich aufs Rektorat zitiert. In mir hocken Angst und schlechtes Gewissen.

Ich habe den Direktor noch nie aus der Nähe gesehen. Er ist sehr groß und wirkt bedrohlich. Seine Gestalt füllt den Raum so sehr aus, daß ich nichts anderes sehe.
»Du bist also Cornelia Keller«, sagt er langsam und sehr betont.
Ich nicke.
»Kannst du mir sagen, was du gegen Ilse Körner hast?«
Ich kann nichts sagen. Ich fühle, wie die Tränen hochsteigen. Sie kommen auch durch die Nase. O weh, ich habe kein Taschentuch.
»Ich möchte wissen, was Ilse dir getan hat!«
Seine Stimme ist jetzt sehr laut.
Ich versuche, mich zu besinnen. Aber ich kann es ihm wirklich nicht erklären. Ich weiß es selbst nicht mehr. Ich weiß nur, daß meine Nase läuft und daß ich kein Taschentuch habe.
Da höre ich plötzlich etwas schnarren. Es ist eine andere Stimme. Erst jetzt bemerke ich, daß neben dem Direktor, tief in einem Sessel, noch jemand ist. Ich erkenne einen glatzköpfigen, kleinen Mann in einer Uniform, die viele silberne Zeichen hat. Er hat die Arme verschränkt und die Beine weit von sich gestreckt. Weil der Sessel so niedrig ist, stehen sie fast waagrecht von seinem breiten Körper ab. Wieder schnarrt die Stimme.
»Du lächerliche kleine Rotznase, du!«
Mir dämmert, daß dieser Zwerg in Uniform Ilses Vater sein muß.
Ich starre ihn an und schweige.
Jetzt brüllt er: »Wie hast du Ilse genannt?«
»Ille-Bille-Grille.«
Ich bin froh, daß er nur das wissen möchte. Denn das ist nicht so schlimm. Namen verdrehen oder verändern macht eben Spaß. Das tue ich auch sonst.
Aber der Zwerg scheint andrer Meinung zu sein.

»Frechheit! Bodenlose Frechheit, das!« schnarrt er mich an. »Habe mit Herrn Direktor gesprochen. Wird dich bestrafen.« Und dann brüllt er mit sich überschlagender Stimme: »Raus!«
Meine Nase läuft. Vorsichtig wische ich mit der Hand drüber. Da legt sich eine andre Hand schwer auf meine Schulter. Es ist die des Direktors. Ich hatte solche Angst vor ihm gehabt. Jetzt empfinde ich unter dem Druck seiner Hand Schutz und Güte.
»Geh jetzt, Cornelia. Du wirst Rektoratsarrest bekommen. Denke einstweilen darüber nach, was Kameradschaft ist.«
Ich gehe sehr schnell. Draußen ziehe ich die Nase hoch. Dann drücke ich mich in eine Ecke des leeren, langen Ganges und weine.
Die Pausenglocke klingelt. Ich höre die Mädchen die Treppe herabstürmen. Auch meine Klassenkameradinnen. Als sie mich sehen, gehen sie rasch an mir vorbei. Auch die, welche mitgeschrien haben. Nur eine kehrt um und tritt still neben mich. Es ist Hannelore. Nach einer Weile gibt sie mir ihr Taschentuch.

Der Rektoratsarrest wurde meinen Eltern schriftlich mitgeteilt. Papa pflegte schon wegen einer schlechten Note in Handarbeit zu toben. Ich erwartete also das Schlimmste, als er mich zu sich rief. Ich mußte ihm den Sachverhalt schildern.
Er kannte den Oberst Körner aus den Erzählungen junger Leutnants, die wegen Irene sonntags zu uns zum Kaffee kamen. Als er hörte, daß dieser Mann mich aus dem Rektorat hinausgeworfen hatte, weil ich den Namen seiner Tochter ein wenig lächerlich gemacht hatte, richtete sich seine Empörung sofort gegen ›diesen bornierten Kerl‹. Ich hütete mich, mein wirkliches Verhalten zu beichten. Mir war nicht wohl dabei. Ich war froh, daß er nicht weiterfragte.

Drei Tage später hatte ich meinen Arrest.

Ich sitze allein in einem leeren Klassenzimmer und muß einen Aufsatz schreiben über Kameradschaft. Ich habe inzwischen wirklich darüber nachgedacht, und ich schäme mich. Dann schreibe ich von einem Mädchen, das allein ist unter den Klassenkameradinnen und das niemand leiden kann. Alle rennen ihm davon. Da besinnt sich eine von den vielen andern und stellt sich neben die Verlassene.
Der Aufsatz beschäftigt mich noch lange, nachdem ich ihn fertiggeschrieben habe. Meine Arrestzeit ist noch nicht um. Da steigt eine Erinnerung in mir auf:
Ich bin in der Grundschule, in der dritten Klasse. Eine Neue ist zu uns gekommen. Die fällt auf. Nicht nur, weil sie den seltsamen Namen Manuela trägt. Ihr ganzes Auftreten reizt. Sie kommt aus Berlin und sieht aus wie eine kleine Dame. Wir bestaunen sie alle. Dann kommen uns langsam Zweifel. Gibt die nicht bloß an?
Sie sei in die Schule geritten, sagt sie. Sie habe von silbernen Tellern gegessen. Sie sei eine Edelmannstochter. Sie habe eine Gouvernante gehabt.
Sie glänzt in allen Fächern. Auch im Malen. So malen sonst bloß Große, finden wir.
Von da an fange ich an, sie nicht zu mögen.
Bald sickert durch, daß sie Halbjüdin sei.
Was den fünf jüdischen Mitschülerinnen im Jahr zuvor nicht widerfahren ist, das geschieht nun ihr: Wir überschütten sie mit Hohn und Spott. Ich bin vorne dran. Es ist das erste Mal, daß ich nicht die Verachtete bin.
Sie bleibt nur kurz unter uns. Niemand trauert ihr nach, als sie nicht mehr kommt. Bald ist sie restlos vergessen.
In jener einsamen Stunde in dem leeren Klassenzimmer ist Manuela plötzlich wieder in meinem Gedächtnis aufgetaucht. Die Erinnerung an mein Verhalten ist mir sehr unangenehm. Aber ich kann sie nicht auslöschen.

Auf dem Heimweg treffe ich Greta. Erst jetzt fällt mir auf, daß nicht sie es war, die neulich zu mir getreten ist, sondern Hannelore. Obwohl Greta viel lauter geschrien hat vorher. Ich will rasch an ihr vorüber. Aber sie hält mich auf.
»Wie war's?« will sie wissen. Als ob ich von einem Ausflug oder vom Kino käme. Aber ich bin es gewohnt, ihr zu antworten.
»Ich hab einen Aufsatz schreiben müssen über Kameradschaft.«
»Das ist gut. Dann hast du ja schreiben können, wie hochnäsig diese blöde Ilse immer ist. Mein Vater hat gesagt, daß solche Leute bei uns nichts mehr zu sagen haben dürfen. Die sind gegen die Volksgemeinschaft.«
Ich schweige. Ich kann ihr nicht erklären, daß ich mich einfach schäme. Sie würde mich nur verachten.
Dann frage ich vorsichtig: »Weißt du noch, wie damals die Manuela in unsrer Klasse war?«
Greta denkt einen Augenblick nach. Dann zieht sie verächtlich ihre rechte Braue hoch.
»Ach die! Wie kommst du denn auf die? Die war doch Halbjüdin. Die kannst du vergessen. Die war, wie halt Juden sind. Frech, unverschämt, verlogen. Gut, daß sie fort ist.«
Ich schweige.
Bei Greta ist immer alles so einfach. Sie weiß immer, wer gut ist und wer böse. Ich weiß das nicht immer. Neben ihr bin ich klein und dumm. Und plötzlich kommt mir in den Sinn, daß sie, wenn sie statt meiner hätte aufs Rektorat kommen müssen, ganz bestimmt ein Taschentuch gehabt hätte.
Fortan ließ ich Ilse in Ruhe. Ich ging ihr aus dem Weg, und sie strafte mich mit Nichtachtung. Morgens vor der Schule holte ich Hannelore ab, und mittags gingen wir zusammen heim. Wir tauschten Bücher und hatten uns viel zu erzählen. Es war gut, eine Freundin zu haben.

Ein großes Versprechen

Als Mama der Frauenschaft beitrat und Papa SA-Dienst machte, bekam auch Irene eine Uniform. Sie bestand aus einem schlichten braunen Kleid, das aber bald durch einen dunkelblauen Rock mit weißer Bluse ersetzt wurde. Unter dem Kragen trug sie ein schwarzes Halstuch, das von einem braunen Lederknoten zusammengehalten wurde. In dieser Uniform ging sie zum BDM-Dienst.
BDM hieß eigentlich ›Bund Deutscher Mädel‹. Irene hatte nun regelmäßig Heimabend. Dann durfte sie abends nach dem Essen noch fortgehen und mußte nicht bei Papa um Erlaubnis dafür betteln. Ich wußte nicht, was ein Heimabend war, und Irene schien es merkwürdigerweise auch nicht genau zu wissen, denn sie gab mir nie eine rechte Antwort, wenn ich sie danach fragte. Ich merkte bald, daß sie zwar abends gerne wegging, aber nicht sehr gerne zu den Heimabenden.
Als Mama dann so lange krank war und Irene nicht mehr zur Schule ging und sie pflegte, trug sie nie mehr ihre Uniform. Sie war ihr zu klein geworden, und sie wollte keine neue haben.
Manchmal sah ich kleine Gruppen uniformierter Mädchen vor unserem Haus auf dem Lindenhof. Sie stellten sich dort in Reih und Glied auf wie die Soldaten, genau der Größe nach, und zuweilen hörte ich sie singen. Mir fiel auf, daß darunter ein paar Mädchen waren, die nicht viel älter sein konnten als ich. Eins davon kannte ich. Es war Gretas ältere Schwester.
Greta erklärte mir, daß man zehn Jahre alt sein müsse, um dabeisein zu dürfen. Sie freute sich schon darauf.
Ich war aber nicht so sicher, ob das etwas für mich wäre. Größere Gemeinschaften flößten mir Angst ein; denn ich hatte darin meist schlechte Erfahrungen gemacht.
Ich sah auch Buben in braunen Hemden auf dem Lindenhof.

Ihre Gruppen waren größer als die der Mädchen, und sie sangen viel lauter. Wenn sie sich der Größe nach aufstellen mußten, schrien ein paar von ihnen, die nicht in der Reihe standen, immer laut und kurz ein Kommando. Einer von denen war Gretas großer Bruder. Ich mochte ihn nicht, weil er mich früher auf der Gaß immer ausgelacht hatte und weil er zu seiner Mutter so grob war. Andreas war nie grob zu Mama gewesen.
Als ich, kurz ehe wir vom Lindenhof wegzogen, wieder einmal zum Fenster hinaus auf die singenden Mädchen sah, trat Mama neben mich. Sie strich mir übers Haar und sagte dann, daß ich noch viel zu klein und zu zart wäre, um zum BDM zu gehen.
»Das sind doch Jungmädel«, erklärte ich ihr.
Greta hatte mich belehrt, daß die Kleineren die Jungmädel waren und nur die Großen zum BDM gehörten.
»Die vom BDM sind doof«, hatte sie gesagt.
»Auch für die Jungmädel solltest du älter sein«, meinte Mutter.
Ich verließ das Fenster und nahm mein spannendes Buch. Es war mir ganz recht, daß ich nicht zu den Jungmädeln mußte. Lieber las ich.

Als ich dann in die Oberschule ging, las eines Tages Papa etwas aus der Zeitung vor. Das tat er oft, und meist hörte ich nicht hin. Diesmal war von einem neuen Gesetz die Rede. Gesetze interessierten mich nicht. Aber nun sprachen sie von mir. Ich hörte meinen Namen.
»Das betrifft doch auch die Nela«, sagte Papa.
»Das kann doch nicht sein«, meinte Mama. »Sie ist zu klein.«
»Was denn?« wollte ich wissen.
»Hast du denn nicht aufgepaßt? Ich hab's doch gerade vorgelesen.«
Papa forderte, wenn er vorlas, ungeteilte Aufmerksamkeit.
»Dann wird's höchste Zeit, daß man dich an die Kandare

nimmt. Hör zu. Es ist nun Gesetz, daß jeder zehnjährige Junge und jedes zehnjährige Mädchen zur Hitlerjugend kommt!« Und dann fügte er hinzu: »Der Führer möchte sich sein Volk von klein auf erziehen.«
»Vielleicht kann man sie noch ein Jahr zurückstellen«, sagte Mama. »Sie ist wirklich sehr zart.«
Als ich Greta mitteilte, ich müsse noch ein Jahr warten, hob sie ihre rechte Braue. Sie drückte mir wieder mal ihre Verachtung aus.
»Da sieht man's wieder, daß deine Leute eben doch keine ganz guten Volksgenossen sind. Ihr seid alle hochnäsig. Wart nur, du wirst noch so affig wie deine Irene.«
»Das ist nicht wahr! So was darfst du nicht sagen!« schrie ich empört. Greta verstand es immer, irgendeinen Makel an uns herauszufinden. Meist nahm ich ihren Tadel kleinmütig hin. Diesmal ärgerte ich mich über sie. Ich hätte ihr so gern bewiesen, daß wir genauso treue Volksgenossen waren wie ihre Eltern.
Deshalb war ich froh, daß meine Eltern mich doch nicht zurückstellen ließen.

Wir sind auf einen großen Platz bestellt worden. Dort sind schon viele kleine Mädchen versammelt. Einige haben schon, wie Greta und ich, Rock und Bluse. Ein paar größere Mädchen rennen hin und her.
»Das sind Führerinnen«, raunt mir Greta zu.
Ich schweige. Mir ist unbehaglich in der Masse.
Plötzlich entdeckt mich eins der ganz großen Mädchen. Sie kennt mich, weil sie einmal in Irenes Klasse war. Sie heißt Olga. Sie ist sehr freundlich zu mir, und unter ihrem mächtigen Schutz weicht meine Angst. Greta staunt: »Die ist doch Ringführerin.«
»Was ist das?«

»Du weißt wieder einmal gar nichts. Die hat über alle hier zu befehlen.«

Der nächste Dienst fand dann schon in der ›Schaft‹ statt. Dies war die kleinste Einheit, bestehend aus fünfzehn Mädeln, alle gleichaltrig. Unsere Schaftführerin hieß Friedel. Sie hatte lange, braune Zöpfe und war vierzehn Jahre alt. Sie gefiel mir gleich sehr gut.

Natürlich war Greta gleich wieder vorne dran. Sie kannte und wußte schon alles, weil ja ihre Schwester schon zwei Jahre ›dabei‹ war.

Ich fühlte mich ein wenig unsicher, denn hier traf ich wieder auf ein paar frühere Mitschülerinnen, und die fingen gleich an, mich zu hänseln.

Aber Friedel merkte es sofort und wurde sehr ernst. Sie hielt uns eine packende Rede über Gemeinschaft. Vielleicht waren wir so beeindruckt davon, weil Friedel ja erst vierzehn war und eigentlich noch mehr zu uns Kindern als zu den Großen gehörte.

Ich liebte sie bald sehr. Sie konnte so wundervolle Dinge sagen. Dann saß ich beim Heimnachmittag da und war ganz dabei. Zuerst sprach sie einen Satz, den der Führer gesagt hatte, oder einen vom Reichsjugendführer Baldur von Schirach. Dann unterstrich sie diese Worte noch durch ihre eigenen, in unserer Mundart. Sie war sehr ernst dabei, und mich überlief dann ein wohliges, erhebendes Gefühl. All die Prinzipien, die ich da hörte: ›Deutsches Mädel, sei gut, sei treu, sei wahr‹ machte ich mir mit Freuden zu eigen. Ich konnte gar nicht begreifen, daß viele andere solche feierlichen Stunden langweilig fanden.

Hie und da las uns Friedel aus einem Buch Geschichten vor. Das Buch hieß: ›So sind wir‹. Sie sagte uns, daß diese Geschichten von Jungmädeln selbst geschrieben worden seien. Eine dieser Erzählungen ging mir nicht aus dem Sinn.

Da darf ein kleines Mädchen mit ins Sommerlager. Es bittet die Mutter seiner Freundin, diese doch auch mitgehen zu lassen. Aber die Mutter erlaubt es nicht. Sie findet die Gemeinschaft mit andern Mädeln nicht gut für ihr Kind. Doch während der Lagerzeit besucht diese Freundin zusammen mit ihrer Mutter das begeisterte Mädel und schaut sich interessiert alles an. Und dann hört das Jungmädel die andere leise zu ihrer Mutter sagen: ›Ich bin froh, daß du mich nicht hierher gelassen hast. Da muß man ja immer alles gemeinsam tun und kann nie für sich sein.‹ Das Jungmädel verbreitet sich nun in der Geschichte empört darüber, daß es tatsächlich noch Mädchen gebe, die lieber ›für sich‹ bleiben wollten, anstatt in des Führers Jugend aufzugehen. Denn der Führer forderte: ›Wir wollen nichts sein für uns, sondern alles nur für unser Volk.‹ Solche Einzelgänger mußte man zu gewinnen suchen oder aber links liegenlassen, bis ihnen selbst die Erkenntnis über ihr irriges Leben aufging.
Immer wieder mußte ich über diese Geschichte nachdenken. Ich fand mich selbst darin. Ich erkannte auf einmal, wie sehr allein ich bisher doch gewesen war. Greta war für mich unerreichbar anders, und Hannelore hatte außer mir noch viele Freundinnen. Sie brauchte mich nicht. Niemand hatte mich bisher im Grunde gebraucht. Ich aber wollte nicht unnötig auf der Welt sein. Ich wollte mithelfen, daß weder ich noch andere sich je wieder einsam fühlen müßten.
In der neuen Gemeinschaft fühlte ich mich geborgen. Die Bastelnachmittage begeisterten mich, und Friedel vermittelte mir Selbstbewußtsein, denn sie sagte, ich hätte geschickte Hände, und sie richtete sich oft nach meinen Einfällen.
Wir übten uns auch im Stegreifspiel. Der Führer wollte, daß wir die deutschen Märchen wieder lasen. Mit acht oder neun Jahren hatte ich sie kindisch und unwahr gefunden. Aber nun, wenn wir sie aufführen durften, gefielen sie mir wieder gut. Man brauchte mich dabei immer dringend für die Rolle der Prinzessin.

Man brauchte mich! Das Gefühl, nötig zu sein für ein Ganzes, nicht mehr am Rande stehen und zusehen zu müssen – dieses Gefühl war neu für mich und wie ein Rausch.
Nur der Sport war schrecklich für mich. Und die Volkstänze. Ich hatte kein Gefühl für Rhythmus und keine Muskeln für die Leichtathletik. Doch ich machte klaglos mit und schämte mich meines Versagens. Ein deutsches Mädel ist doch sportlich!
Greta, die war es natürlich.

Für die großen Ferien stand ein Sommerlager in Aussicht. Die Teilnahme kostete zehn Mark, und ich mußte daheim sehr betteln, daß man mich mitfahren ließ. Papa fand, daß zehn Mark sehr viel Geld wären, und Mama fürchtete um meine Gesundheit. Schließlich durfte ich doch mit in den ›Wolfsbau‹.
Ein einsames Haus zwischen grünen Hügeln nahm uns auf. Ich war traurig, daß Friedel nicht mitkam. Sie mußte in ein Führerinnenlager. Die Lagerführerin war mir fremd.
Ich schlief zum ersten Mal auf Matratzenlager, wusch mich morgens mit den andern im eiskalten Bach vor dem Haus, machte lange Märsche und Wanderungen und saß am Lagerfeuer – und ich fand das alles scheußlich!
Aber niemandem auf der Welt hätte ich das zugegeben.
Zum ersten Mal war ich bei Tag und Nacht mit Greta zusammen. Ich kam mir sehr nichtswürdig neben ihr vor. Nur Friedel war da anderer Ansicht gewesen. Aber die war nicht da. Nun hackte Greta an den langen Abenden im Schlafsaal stundenlang auf mir herum. Ich sei überhaupt kein richtiges Jungmädel. Ich sei eine weichliche Gans. Und so egoistisch.
Es stimmte ja. Ich glaubte es selbst. Ich drückte mich gern vorm Küchendienst, denn es grauste mir vor all dem Schmutz. Das Wasser im Bach war schrecklich kalt. Meine Füße schmerzten von vereiterten Schnakenstichen.

Aber daheim verkündete ich, es sei einfach ›pfundig‹ gewesen, wenn auch mein Gewissen schlug, weil ich es nicht wirklich pfundig gefunden hatte. Besonders wegen Andi. Der hatte nämlich geschrieben, er sei stolz, daß seine Nela nun ein Jungmädel sei. Er selbst war in der Stadt, wo er jetzt wohnte, Führer eines Jungvolkfähnleins geworden. Ich besaß ein Foto von ihm, das ihn in seiner Uniform zeigte, und ich fand, daß er darauf herrlich aussah.
Aber Andreas war weit fort. Greta war nah. Seit dem Sommerlager haßte ich sie. Doch ich kam nicht von ihr los.
Meine Begeisterung für die Jungmädel hatte nachgelassen. Friedel war nicht mehr unsere Schaftführerin. Die neue war langweilig und konnte keine feierlichen Stunden gestalten. Die Spiele, die sie mit uns machte, ödeten mich an, und sie konnte sich auch nicht durchsetzen. Meist war es laut und ungemütlich in der Schaft.

So ging ich eigentlich ziemlich gleichgültig im Oktober zu der großen Feier.
Wir Zehnjährigen sollten nun, nach einem halben Jahr Probezeit, mit einer Vereidigung in die Hitlerjugend aufgenommen werden. Der Festakt fand auf dem Lindenhof statt. Er war inzwischen in ›Horst-Wessel-Platz‹ umbenannt worden.
Ich stand so, daß ich genau das Haus sehen konnte, in dem wir früher gewohnt hatten. Ich bemerkte, daß Liebels nicht mehr da waren. Der Laden hatte ein fremdes Namensschild. Ich war froh, daß sie fort waren.
Hier stehen wir nun, alle zehnjährigen Jungmädel und Pimpfe – das sind die Jungen aus dem Jungvolk* – aus der ganzen Stadt, zu einem großen Viereck formiert. Nach der Vereidigung auf den Führer soll uns das Symbol unserer Zugehörigkeit, Halstuch und Knoten, umgebunden werden.
Da geschieht es.

Die Feierlichkeit der Stunde, getragen von Liedern und Musik, erfaßt mich, hebt mich empor und gibt mir ungeahnte Bedeutung.
Irgend jemand hält eine sehr eindringliche Rede. Eigentlich eine Predigt. Ich nehme die Person des Redners nicht wahr. Ich nehme wahr, daß der Führer mich ruft. Er braucht mich. Überall leuchten Fackeln in der dichter werdenden Dämmerung.
Ich spreche langsam und sehr bewußt das Gelöbnis mit, das ich noch so gleichgültig auswendig gelernt habe:

Jungmädel wollen wir sein.
Klare Augen wollen wir haben
Und tätige Hände.
Stark und stolz wollen wir werden:
Zu gerade, um Streber oder Duckmäuser zu sein,
Zu aufrichtig, um etwas scheinen zu wollen,
Zu gläubig, um zu zagen und zu zweifeln,
Zu ehrlich, um zu schmeicheln,
Zu trotzig, um feige zu sein.

Es ist die erste Feierstunde meines Lebens.
Sie geht mir mitten durchs Herz.
Dann singen wir. Melodie und Worte löschen etwas aus von mir und machen mich ganz neu.

Wo wir stehen, steht die Treue,
unser Schritt ist ihr Befehl.
Wir marschieren nach der Fahne,
so marschieren wir nicht fehl.

** Jungvolk = Organisation innerhalb der Hitlerjugend. Umfaßte die Jungen zwischen 10 und 14 Jahren*

Wenn wir singen, schweigt die Treue,
sie ist größer als das Lied,
sie trägt schweigend unsre Fahne,
daß sie keiner wanken sieht.

Wenn wir stürmen, singt die Treue,
und ihr Singen zündet an.
Und wir glühen wie die Fahne,
daß ihr jeder folgen kann.

Ich bin zehneinhalb Jahre alt.
Ich weiß, daß nun mein Leben sich verändern wird.
Von Stund an werde ich kein zartes Kind mehr sein.
Ich werde stark und kräftig werden und alles aushalten.
Das nächste Sommerlager werde ich von Herzen wundervoll finden.
Ich bin glücklich.
Ich fühle mich im Einklang mit der Umwelt:
Die Eltern verehren den Führer. Sie verehren ihn beide.
Es gibt etwas, das uns alle verbindet.
Ich fühle mich nicht mehr ausgeschlossen aus der Welt der Erwachsenen.
Ich bin *ich.*
Ich bin Cornelia.
Ich bin kein verlorener Kieselstein mehr, um den sich immer neue, bewegte Ringe bilden, die im Ungewissen verströmen.
Ich bin eingebunden in Halstuch und Knoten.
Ein einziger Ring umschließt mein Dasein.
Er heißt Deutschland.

Kristall eines Jahres

Irenes Hochzeit.
Ich habe ein langes Kleid an und darf vor dem Brautpaar hergehen.
Die Marienkirche ist voll Blumen.
Ich sitze in der ersten Bank, zwischen Mama und Werners Mama. Werner ist mein neuer Schwager. Er ist einer der Leutnants, die uns immer besucht haben. Aber ich weiß nicht, ob er weiß, daß es mich gibt.
Die Kirche ist voll Menschen. Ich spüre ihre Blicke im Rücken, und ich weiß, daß sie neugierig sind. Ich habe gehört, wie sie miteinander tuschelten.
Werners Mutter duftet nach starkem Parfum. Wenn sie sich bewegt, raschelt ihr Kleid aus schwarzen Spitzen. Ihr blondes Haar ist zu einer Olympiarolle frisiert, in der seitlich eine weiße Rose steckt. Einmal nimmt sie ihr Taschentuch und wischt sich über die Augen. Dabei berührt sie die Rose. Nun hängt die schwere Blüte nach unten. Ich warte darauf, daß sie herunterfällt, und wage nicht, mich zu bewegen. Ich kann nicht aufpassen, was der Pfarrer sagt. Auf der anderen Seite von mir weint jetzt Mama. Beim Schlußgebet fällt die Rose zu Boden.

Irenes Auszug aus dem Elternhaus nahm ich hin als etwas Selbstverständliches. Für mich bewirkte die Veränderung nur Gutes. Ich bekam ein eigenes Zimmer. Mama richtete es mir liebevoll ein. Dann wurde sie krank.
Das tägliche Leben ging weiter. Marga, unser Mädchen, war sehr tüchtig, und ich mochte sie gern. Jetzt, da Mama im Bett lag, half ich sogar freiwillig ein wenig bei der Hausarbeit mit. Jeden Tag kam eine Schwester und machte Mama kalte Wickel.
Ich saß oft an ihrem Bett. Dann faßte sie nach meiner Hand,

aber sie war zu schwach zum Reden. Der Husten schüttelte sie. Eines Tages, als ich bei ihr saß, griff plötzlich die Angst nach mir. Mama – wird sie sterben? Wird sie mich verlassen? Ich lege meinen Kopf auf ihr Kissen und flüstre ganz leise: »Lili.«
Da streicht ihre Hand über mein Haar und drückt ein wenig. Es ist wie ein Versprechen.
Als es ihr wieder besserging, sagte Papa eines Abends zu mir: »Wir zwei werden jetzt eine Weile ohne Mama auskommen müssen. Sie ist noch sehr schwach und braucht eine lange Erholung in einem warmen Klima. Deshalb wird sie nach Nizza gehen in ein Sanatorium.«
Ich wußte, daß ich jetzt nicht weinen durfte, sonst würde Papa böse. Ich rannte in mein Zimmer und überließ mich dort meinem Kummer.

Dann war Mama fort. Ich hatte nicht gewußt, wie leer es sein konnte im Haus. Am schlimmsten waren die Mahlzeiten und die Abende mit Papa allein. Er war schon während Mamas Krankheit wieder barsch und launisch geworden. Nun war er's noch mehr.
Ich fürchtete mich wieder sehr vor ihm.
Tagsüber fühlte ich mich einsam. Manchmal ging ich zu Hannelore hinüber. Mit ihr verstand ich mich gut. Nur wenn ihre Mutter im Zimmer war, befiel mich große Schüchternheit. Ich hatte das Gefühl, daß sie es nicht gerne sah, daß Hannelore und ich befreundet waren. Wenn sie mich ansah, fror mich ein wenig.
Einmal erzählte ich Hannelore von einem schönen Heimnachmittag, den ich bei den Jungmädeln erlebt hatte. Wir hatten eine Scharführerin*, die wunderschön singen konnte. Bei ihr

---
** Scharführerin = Führerin eines Jahrgangs, 2–3 Schaften*

machte mir Singen zum ersten Mal Spaß. Da trat ihre Mutter zu uns und fragte: »Könnt ihr überhaupt singen, ohne laut zu schreien?«
Dann lachte sie leise, aber so spitz, daß es mir weh tat.

Eines Tages dreht Papa schon vor dem Mittagessen das Radio an. Das ist ungewöhnlich. Es ist noch nicht Zeit für die Nachrichten. Sicher tut er es wegen der Mitteilung, die uns Fräulein Gellert heute morgen schon in der Schule gemacht hat. Sie hat uns davon unterrichtet, daß heute früh die deutschen Truppen in Österreich einmarschiert seien. Ich merkte es ihrer Stimme an, daß sie die Sache heimlich mißbilligte. Rasch gingen wir zum Unterricht über.
Nun aber dröhnt es uns aus dem Radio entgegen. Das Tosen und Schreien bricht aus dem kleinen Apparat heraus und erfüllt das ganze Zimmer.
»Wir wollen einen Führer! Ein Volk, ein Reich, ein Führer!«
Es kommt in Wellen, die sich überschlagen.
Papa sitzt da und hat Tränen in den Augen. Er zieht mich nahe zu sich heran und sagt bewegt: »Merk dir das, Nela. Paß gut auf! So was wirst du nie wieder erleben!«
Dann kommt eine Führerrede. Wir lauschen andächtig. Als wir endlich zum Essen kommen, sagt Papa mit einer Stimme, die beschwingt ist vor Glück: »Nun ist Deutschland wieder groß und stark.«
Seine Freude springt auf mich über. Ich fürchte mich nicht mehr vor ihm.

»Erzähl mir doch was!« bat ich ihn zuweilen, wenn wir abends zusammensaßen.
Er erzählte mir von Old Shatterhand und Winnetou, und weil ich immer mehr davon hören wollte, brachte er mir aus der Leihbücherei einen Karl-May-Band mit. Ich hatte noch nie ein

Buch mit so vielen Seiten gelesen, es schien mir unmöglich. Aber bald war ich schon mittendrin und verschlang fortan Band um Band. Wir hatten jetzt viel Gesprächsstoff: den Führer und Karl May.
Hannelore verstand mich nicht. Sie fand, daß Karl May ein Prahlhans sei. Doch ich liebte den herrlichen Winnetou viel mehr als die Mädchenheldinnen ihrer Bücher. Auch Greta fand, daß meine Lektüre sich nicht schicke für ein Mädchen. Doch Papa und ich wußten das besser.
Als im Oktober das Sudetenland auch heim ins Reich geholt wurde, als Chamberlain, Daladier und Mussolini deshalb eigens den Führer besuchten, kannte Papas Triumph keine Grenzen. Immer wieder betonte er, daß er nicht verstehen könne, wie ungläubig und ängstlich viele seiner Bekannten dem Einmarsch gegenübergestanden hätten. Er aber habe dem Führer vertraut. Für mich war es selbstverständlich, daß mit der Zeit alle Deutschen auch zu Deutschland gehören würden.
Es war kühl und nebelig geworden. Die Gartenarbeit war getan. Papa hatte viel zu tun im Geschäft. Da zog es ihn sonntags hinaus an die frische Luft, und er nahm mich mit bei seinen Gängen durch die herbstlichen Wälder. Wir konnten nun ganz unbefangen miteinander plaudern. Alles, was er gelesen hatte, von Naturforschern und Entdeckern, interessierte mich.
Einmal erzählte er mir etwas über die Sterne und das Weltall. Darüber kam er auf die Bibel zu sprechen. Er erklärte mir, wie die Natur und daraus der Mensch sich entwickelt hätten im Verlauf der Jahrtausende. Die Wissenschaftler hätten diese Entwicklungsgesetze herausgefunden.
»Die Schöpfungsgeschichte in der Bibel ist barer Unsinn«, sagte er. »Und die anderen Geschichten aus dem Alten Testament sind lauter wertlose, jüdische Märchen.«
Dann kam er auf Jesus.
»Jesus war ein Mensch«, belehrte er mich. »Einer, der die

Kunst der Hypnose beherrscht und damit das unwissende Volk in Erstaunen versetzt hat. Das brauchen wir heute alles nicht mehr. Was Jesus gelehrt hat, ist veraltet und hat uns nichts mehr zu sagen.«

Wir standen auf einer kleinen Brücke, die über einen Bach führte. Aus dem Wasser stieg die Kälte auf. Mir lief eine Gänsehaut über den Rücken. So war das also!

Wenn das so war, fand ich, dann brauchte ich nicht mehr in den Religionsunterricht zu gehen. Papa fand das auch. Ich meldete mich ab und nahm nun mit ein paar wenigen andern am Weltanschauungsunterricht teil.

Was ich da lernte, fand ich sehr wertvoll und erhebend. Ein junger Lehrer, der in seiner Freizeit auch Hitlerjugendführer war, unterwies uns, wie wir zu leben hätten:

Wir sollten gut sein und wahrhaftig. Nicht hinterhältig und lügnerisch wie Jakob. Wir sollten treu sein. Nicht verräterisch wie Judas und nicht wankelmütig wie Petrus. Wir sollten stark und tapfer sein. Nicht weich und wehrlos wie Jesus. Denn: »Wo kämen wir Deutschen hin, wenn wir dem, der uns auf die rechte Wange schlägt, auch noch die linke böten?«

Die Juden hatten uns dies jahrhundertelang gelehrt, damit sie uns ausbeuten konnten. Die Juden waren so, wie wir nicht sein durften. Nun hat der Führer das deutsche Volk aufgerufen, das Gute in die Welt zu tragen.

Wir brauchten keine Bibel mehr. Wir hatten die Edda*. Aus ihrer Weisheit hatten die Germanen gelebt, ehe sie durch die christlichen Missionare verweichlicht worden waren.

---

* *Edda = germanische Gedicht- und Mythensammlung*

›Besitz stirbt – Sippen sterben.
Du selbst stirbst – wie sie.
Eins weiß ich – was ewig lebt:
Der Toten Tatenruhm.‹

Und wir hatten den Führer.

›Wer leben will, der kämpfe also.
Und wer nicht streiten will
Auf dieser Welt des ewigen Ringens,
Verdient das Leben nicht.‹ Adolf Hitler

Freilich, die meisten aus meiner Klasse gingen immer noch in den Religionsunterricht zu Fräulein Gellert oder zum Kaplan.

Am 10. November 1938 betrete ich, wie gewöhnlich, das Klassenzimmer. Es ist lauter als sonst vor dem Unterricht. Alle schwätzen wild durcheinander. Greta geht auf mich zu und nimmt mich beiseite.
»Weißt du schon? Weißt du schon?«
»Was denn?«
»Ach, du weißt wieder nichts! Aber ich weiß es!« Und halb flüsternd berichtet sie: »Heut nacht, da war was los. Mein Vater, der war dabei. Da hat die SA endlich aufgeräumt mit den Saujuden. Mein Vater und seine Männer haben sie alle aus den Betten gerissen und auf der Straße rumgejagt. Stell dir vor, im Nachthemd! Und dem Rabbiner, dem haben sie den Bart angezündet. Der ist wie verrückt herumgelaufen und hat geschrien.«
»Was ist ein Rabbiner?«
»Das weißt du nicht?« Verächtlich zieht sie die Braue hoch. »Der Rabbiner ist doch denen ihr Pfarrer. Der ist doch oft im

Judengäßle herumgelaufen mit seinem schwarzen Bart und in so langen, dreckigen Lumpen.«
Dann berichtet sie weiter, daß man noch in der Nacht die Synagoge angezündet habe und daß die immer noch brenne. Und überall habe man den verdammten jüdischen Geschäften die Schaufenster eingeschlagen und die Juden zum Teufel gejagt. Nun gibt es keine Judenläden mehr, habe ihr Vater gesagt. Er sei ganz erschöpft heimgekommen von der ›Arbeit‹.
Gretas Bericht verwirrt mich. Dies alles hat also geschehen können, hier in unsrer Stadt, während ich tief schlief? Gleichzeitig kriecht eine dumpfe Angst in mir hoch, deren Ursache ich nicht herausfinden kann.
Der Unterricht beginnt und bringt nichts als Tagesordnung.
In der Pause wage ich nicht, mit einer andern aus der Klasse über die nächtlichen Ereignisse zu sprechen. Ich habe das Gefühl, daß man das nicht kann. Ich gehe aber auch Greta aus dem Wege. Ihre Großtuerei bedrückt mich.
Ich muß beim Mittagessen mit Papa darüber sprechen. Der hat auch gehört, was sich zugetragen hat in der Nacht, hat auch ein paar zerbrochene Schaufenster gesehen. Genaues weiß er nicht. Vielleicht will er es mir auch nicht sagen.
»Sie haben ihr Teil abbekommen heut nacht. Nun gehen sie hoffentlich alle.«
Mehr sagt er nicht. Er ist schweigsam und schlecht gelaunt. Ich getraue mich nicht, ihn weiter zu fragen.
Nachmittags schaue ich mir den Brandplatz an. Da, wo die Synagoge gestanden hat, ist nur noch ein Trümmerhaufen. Ein paar SA-Leute stehen herum. Der Geruch von Verbranntem steigt mir widerlich in die Nase. Leute stehen und schauen, wie ich. Aber niemand sagt etwas. Die Stille ist so groß, daß man es in dem rauchenden Gebälk noch knistern hört. Ich fürchte mich und gehe rasch weg. Ich sehe auch die

geborstenen Schaufenster. Die Läden dahinter sind leer und verwüstet.
Abends fragt mich Papa, gegen seine Gewohnheit, wo ich gewesen sei. Mir ist, als hätte ich etwas Verbotenes unternommen. Ich kann nichts darüber sagen und drücke an einer Antwort herum.
Doch Papa weiß sofort, wo ich gewesen bin.
»Hör zu! Wenn wieder so etwas sein sollte wie das von gestern nacht: Daß du mir niemals mehr hinterher hingehst! Hast du verstanden? Niemals!«
Ich schweige betreten.
Nach einer Weile sagt er laut: »Die Juden sind unsre ärgsten Feinde. Sie hätten längst unser Land verlassen können. Nun sind sie selbst schuld, daß es ihnen so ergangen ist. Aber du und ich, wir haben nichts mit all dem zu tun, hörst du!«
Er ist sehr erregt.
Aber er sagt mir nicht, weshalb.
Das dumpfe Unbehagen verläßt mich auch über Nacht nicht.
Am nächsten Morgen hole ich Hannelore ab. Ich muß endlich mit jemandem über dies alles reden.
»Den Juden ist ganz recht geschehen«, sage ich kühn, während wir in ihrer Vorhalle stehen und sie sich die Schuhe anzieht.
Sie blickt von ihrem Schuh zu mir auf, und ihr Blick läßt mich verstummen.
Trotzdem fährt sie mich noch an: »Pst! Sei sofort still!« Sie deutet nach oben, wo ihre Eltern sein müssen.
Ich fühle mich beschämt und gedemütigt und für immer verstoßen aus dem Kreis dieser Familie. Ich weiß, daß ich eine Freundin verloren habe.
Auf dem Heimweg geht Erika mit mir. Sie wohnt auch in meiner Nähe und geht in die Parallelklasse. Wir kennen uns vom Weltanschauungsunterricht. Eigentlich finde ich sie ein

bißchen doof. Ich kann ihre Art, Worte und Sätze zu zerklauben, nicht ausstehen.
Ich möchte nicht mehr über die Juden sprechen. Aber sie fängt immer wieder davon an. Sie sagt, daß Juden – trotz allem – doch auch Menschen seien.
»Was willst du damit sagen?« frage ich verblüfft.
»Juden sind zwar Juden. Aber weil sie auch Menschen sind, darf man eigentlich nicht so mit ihnen verfahren.«
Die Beschämung in Hannelores Haus bohrt noch in mir. Von Hannelore habe ich mich zurechtweisen lassen. Von Erika, die ich nicht leiden kann, ertrag ich's nicht. Deshalb versteife ich mich jetzt darauf, Juden seien eben doch keine richtigen Menschen. Sie seien Gegenmenschen. Und bei uns in Deutschland dürfe es nur uns, die Nachkommen der herrlichen Germanen geben, die Herrenmenschen. Andere Rassen, ganz besonders aber die jüdische, seien minderwertig.
Ich ärgere mich über Erika. Hat sie denn so schlecht aufgepaßt? Unser Weltanschauungslehrer hat es uns doch erst neulich so schön dargelegt. Wie kann sie da nur mit so weichlichen, menschheitsduseligen Gedanken kommen?
»Nein!« bekräftige ich nochmals ganz entschieden. »Nein, Juden sind keine Menschen.«

Daheim fand ich einen Brief von Mama.
»Bald bin ich wieder gesund«, schrieb sie. »Hier ist es immer noch schön warm, und ich habe ein paar nette Menschen kennengelernt, mit denen ich spazierengehen kann. Wenn man nur nicht überall auf Juden träfe. Es ist sehr unangenehm. Ich weiß gar nicht, wo sie plötzlich alle herkommen.«
Ich hatte Hannelore verloren. Papa war wieder vorwiegend schlechter Laune. Ich konnte nicht mehr über Winnetou mit ihm plaudern. Und über die Sache mit den Juden schon gar

nicht. Denn daß er das nicht wissen wollte, spürte ich deutlich.
Da floh ich in den Dienst. Ich tat mich hervor, wo ich konnte. Kein Einsatz war mir zu schwer. ›Einsatz‹ war das große Wort der Zeit. Ich sammelte Altmaterial und Kleider fürs Winterhilfswerk*. Stundenlang zog ich mit dem Leiterwagen durch die Stadt. Daheim zu sitzen und Hausaufgaben zu machen war öd und einsam. Ich entdeckte, daß ich zur Not auch so in der Schule mitkam. Nicht gelernte Wörter schrieb ich ab und war stolz auf meine Faulheit.
Papa merkte nicht viel davon. Er hatte alle Hände voll zu tun. Fürs leibliche Wohl sorgte Marga. Ich kam gut mit ihr aus. Sie vertraute mir ihre Liebeskümmernisse an und war froh, wenn ich ihr half, komplizierte Abschiedsbriefe an nicht mehr genehme Freunde zu schreiben.
Im Weltanschauungsunterricht lernten wir das Lied: ›Nach grüner Farb mein Herz verlangt in dieser trüben Zeit, der grimmig Winter währt so lang, das Herz ist mir verschneit . . .‹
Es wurde Weihnachten.
Ich stand ein wenig verloren am Fenster und betrachtete den Regen, der in Schnee überging.
Da hörte ich ein Auto. Es war ein Taxi, und es hielt vor unserm Haus. Papa stieg aus. Er strahlte. Die Überraschung war geglückt.
Auf der andern Seite stand Mama.

Aber es war nicht mehr so wie früher. Ich merkte es bald nach Weihnachten. Mama war wieder gesund und tat ihre Arbeit wie früher. Aber sie blickte in die Ferne, als wäre sie gar nicht da. Sie ließ mich gewähren in meinem Eifer für den Dienst. Sie hatte andere Sorgen.

---

* *Winterhilfswerk = Sammlung von Geld und Spenden für Bedürftige*

Andreas hatte geschrieben, daß er bald Hochzeit habe. Wir sollten dabeisein. Hilde, seine Braut, würde uns sicher gefallen. Papa weigerte sich zuerst hinzufahren. Er fand, daß sein Herr Sohn seine Braut ja auch hätte heimbringen können.
Mama brauchte Tage, bis sie ihn überredet hatte.
Die Reise zu Andreas war die erste weite Reise meines Lebens und die einzige, die ich mit meinen Eltern zusammen machte. Ich genoß die lange Bahnfahrt und verfolgte aufmerksam, wie die Landschaft sich veränderte.
Da, wo Andreas wohnte, war das Land flach. Ein scharfer Wind fuhr durch die Kiefernwälder und wirbelte den Sand über die Straßen. Häuser und Kirchen waren aus rotem Backstein gebaut. Sie erinnerten mich an Steinbaukästen.
Andreas holte uns ab. Ich hatte ihn drei Jahre nicht mehr gesehen. Nun verging ich fast vor Freude. Da stand er, groß und schmal, und der Wind zauste sein schwarzes Haar. Er begrüßte den Papa kühl, umarmte Mama. Dann sah er mich. Ich sah an seinem Gesicht, daß ich mich sehr verändert haben mußte. Aber er sagte nicht, daß ich groß geworden sei, wie es sonst die Leute immer sagen. Er nahm mich bei den Hüften und stemmte mich hoch.
Wir fuhren zusammen in einem Taxi zu den Schwiegereltern. Eigentlich wunderten wir uns, daß seine Hilde nicht zum Bahnhof mitgekommen war.
Vor einem kleinen Häuschen hielten wir.
In der Tür standen ein Mann und eine Frau. Der Mann hatte einen grauen Bart und eine Brille mit dünnem Rand. Als er uns sah, lächelten seine Augen hinter den Gläsern. Die Frau neben ihm war klein und zart und hatte ganz dunkles Haar, fast so schwarz wie das von Mama. Sie blickte etwas ängstlich, aber dann ging sie uns entgegen und sagte einfach: »Willkommen.«
Während das Paar uns begrüßte, ist Andi im Haus verschwunden. Nun sehe ich seinen Kopf wieder in der Tür auftauchen.

Seine übrige Gestalt ist verdeckt von einem Rollstuhl, den er vor sich herschiebt. In dem Stuhl sitzt ein Mädchen mit dem liebsten Gesicht der Welt. »Hier ist Hilde«, sagt Andreas. »Sie hat euch besuchen wollen. Aber ich wollte ihr die lange Reise nicht zumuten. Ihre Beine sind gelähmt. Kinderlähmung.«
Sie blickt uns ernst an und streckt uns die Hand entgegen. Dann schaut sie zu Andreas auf, und ihr Gesicht fängt zu leuchten an. Es ist ein Leuchten, das von innen kommt.
Da nimmt Mama ihren Kopf in beide Hände und küßt sie auf die Stirn. Papa ist etwas befangen. Ich sehe, daß Andreas ihn scharf beobachtet. Beide Männer sehen einander kurz in die Augen. Ich zittre. Ich weiß, daß Papa verkrüppelte Menschen nicht um sich leiden mag. Deshalb hat wohl Andi nichts von Hildes Gebrechen geschrieben. Deshalb blicken die Männer einander an.
Dann wendet Papa den Blick zurück auf Hilde. Ich kenne diesen Blick. So hat er mich angeschaut, als er das Köpfchen von mir modelliert hat. Da weiß ich, daß er sie malen möchte und daß sie ihm gefällt. Er geht auf sie zu und reicht ihr beide Hände.
Andi sagt: »Morgen ist Hochzeit.«
Es wird ein wunderbares Fest. Auch Irene und Werner sind gekommen. Nun sind wir alle zusammen bei Hilde zu Hause. Hildes Vater ist Lehrer gewesen und frühzeitig pensioniert worden. »Wegen der Gesundheit«, sagt er. Sie haben fast kein Geld und leben sehr zurückgezogen. An allen Wänden sind Bücher, und in der engen Stube steht ein Flügel. Hildes Mutter spielt darauf. Ich habe nicht gewußt, daß man so schön Klavier spielen kann. Ein alter Pastor ist auch dabei. Er hat eine kleine Predigt gehalten und die beiden getraut. Es ist ein wunderbares Fest. Obwohl sehr wenig geredet wird.
Es ist, als ob es zwischen diesen Menschen hier nicht viel zu sagen gäbe. Nur Hilde und Andreas reden. Sie erkundigen sich

bei jedem von uns, wie es geht. Hilde weiß schon viel über uns. Andreas muß es ihr erzählt haben. Sie ist die Mitte, um die alle gesammelt sind, sie strahlt alle an. Erst später fällt mir auf, daß ihre Eltern meist schweigend dabeisitzen. Manchmal spielt ihre Mutter Klavier.

Abends begleitet uns Andreas zur Bahn. Wir müssen die Nacht durchfahren. Er geht eine Weile neben mir. Da kann ich ihn endlich etwas fragen. Ich wollte es schon lange, aber ich habe gespürt, daß man bei Hildes Eltern über so etwas nicht reden kann.

»Andi, bist du kein Jungvolkführer mehr?«

»Nein, Nela, ich bin keiner mehr. Weißt du, Hilde braucht mich sehr. Wir werden in eine kleine Wohnung ziehen, und ich werde drin meine Werkstatt haben. Dann kann ich immer bei ihr sein. Gefällt es dir denn im Dienst?«

Ich wunderte mich schon, daß er den ganzen Tag nicht danach gefragt hat.

»O ja. Ich hab immer viel zu tun. Es ist herrlich, ein bißle mithelfen zu dürfen, das neue Deutschland zu bauen. Neulich hab' ich Friedel getroffen. Ich hab' dir doch einmal von ihr geschrieben. Sie ist prima. Sie hat gesagt, daß ich bald Führerin werden darf. Ich freu' mich schon so darauf und denke mir genau aus, wie ich dann alles mach'.«

Warum blickt mich Andreas nur so ernst an? Freut er sich denn nicht? Warum hat er den ganzen Tag nicht mit mir darüber gesprochen? Auch Hilde hat sich mit mir nur über die Schule unterhalten.

»War Hilde nie traurig, daß sie nicht mitmachen konnte bei den Jungmädeln?« fragte ich ihn.

»Nein. Weißt du, sie ist nie traurig. Bei ihr ist alles anders. Aber sei du nur immer ein gutes Jungmädel, so, wie du es versprochen hast. Und denk immer dran: Der Führer will nur, daß du gut bist und treu. Auch dir selbst.«

Als wir im Zug saßen, war mir, als hätten wir ein verzaubertes Land verlassen. Die Eltern waren sehr schweigsam.
»Irgend etwas stimmt nicht«, sagte Papa nach einer Weile.
»Wir wissen nichts«, sagte Mama. »Aber Andreas ist glücklich, und Hilde hab' ich lieb.«
»Wir wissen nichts«, sagte Papa.

Träumereien im deutschen Heim

Die Abende daheim, in der Sofaecke des Eßzimmers, sind meist voll Traulichkeit. Ich liebe sie sehr. Papa liest und gibt hie und da etwas, das ihm wertvoll erscheint, zum besten. Mama handarbeitet. Unter ihren Händen entstehen wunderschöne Dinge: Stickereien nach griechischen Mustern, aber auch warme, handfeste Pullover für mich, für meinen Schwager Werner und für Andi. Ich sitze dabei, warm in einen Sessel gekuschelt, und lese auch. Dies ist die schönste Stunde des Tages.
An vielen Abenden aber ist Papa nicht da. Er hat Dienst. Seit einiger Zeit trägt er keine SA-Uniform mehr, sondern die silbergraue Uniform der neuen Luftwaffe. Er erklärt mir, daß er nun etwas mit dem Luftschutz zu tun habe.
Luftschutz kannte ich schon von der Schule. Da mußten wir manchmal Übungen machen, zum Beispiel in möglichst kurzer Zeit den Keller aufsuchen. In den Häusern wurde von Luftschutzwarten kontrolliert, ob auch die Dachböden richtig entrümpelt wären. Der tiefste Keller im Haus wurde zum Luftschutzkeller ernannt.
Papa sagte, dies alles seien nur Vorsichtsmaßnahmen, denn Deutschland sei wie eh und je umgeben von Feinden, und diese

würden, wenn sie könnten, jederzeit ihre Bomben auf uns fallen lassen. Deshalb habe der Führer ein extra Flugabwehrkommando geschaffen. Wenn Papa nicht an den gemütlichen Abenden daheim teilnahm und sich auch nicht mit seinen Freunden traf, dann hatte er Dienst beim ›Fluko‹*.
Dann waren Mama und ich allein zusammen, und dies waren die allerschönsten Stunden.
Seit sie wieder zurück war von ihrer langen Erholungskur, genoß ich diese Stunde am Abend wie ein besonderes Geschenk. Ich erzählte ihr von der Schule und noch viel lieber vom Dienst, von meinen Plänen, die ich hatte, wenn ich erst einmal selbst Führerin wäre. Ich war nämlich im Frühjahr tatsächlich in die ›F-Schar‹** aufgenommen worden. Ich empfand dies als besondere Auszeichnung; denn ich war erst zwölf, und die meisten Mädel dort waren schon älter. Nur Greta war mit mir zusammen so jung ausgewählt worden. Aber was zählte schon Greta. Sie wurde mir ganz unwichtig neben der strahlenden Gestalt unserer F-Scharführerin, die keine andere war als die geliebte Friedel meiner ersten Jungmädeltage. Sie war nun schon fast siebzehn und würde bald das Abitur machen. All ihre Zeit opferte sie dem Dienst, und dabei war sie auch noch eine ausgezeichnete Schülerin. Ihr wollte ich nachstreben.
Mit vielen Klassenkameradinnen konnte man plötzlich nicht mehr richtig reden. Sie hatten so viele Dinge im Kopf, die mich gar nicht interessierten. Sie sangen Schlager, die ich blöde fand, und sie sammelten Bilder von Filmstars. Mir gaben sie immer wieder zu verstehen, ich sei doch recht kindisch.

---

* *Fluko = Flugabwehrkommando. Halbmilitärische Einrichtung zur Überwachung des Luftraums*

** *F-Schar = Einheit zur Führerinnenausbildung*

Da war es gut, daß es den Dienst gab. Da galt ich etwas. Und im Dienst für den Führer fühlte ich mich auch eins mit den Eltern, so eins, wie ich mich früher nie mit ihnen hatte fühlen können. Durch Friedels Einfluß kam nun noch der Anspruch einer gewissen Vergeistigung hinzu. Wir wußten von Friedel, daß sie sich mit ihren Eltern schlecht vertrug, weil diese ihren Eifer für den Dienst nicht gerne sahen. Sie gehörten zu den Leuten, die immer noch viel in die Kirche gingen, und von Mami wußte ich, daß sie der ›Bekenntnisfront‹* angehörten. Ich hatte großes Mitleid mit Friedel, die zu Hause solch große Widerstände auszufechten hatte, und empfand dankbar, wie gut es mir doch in diesem Punkt ging. Zu meinem Erstaunen bemerkte ich auch, daß die meisten anderen Mädel Friedel nicht so sehr mochten. Sie nahmen sie nicht ernst. Eine Schulkameradin hatte mir zugetragen, daß die andern oft über sie heimlich lachten.
»Aber die Nele ist doch so begeistert von ihr«, habe sie gesagt.
»Na ja, d'Nele!« sei die Antwort gewesen.
Dieser Satz, und der Tonfall, in dem er gesprochen wurde, bestätigte mir wieder einmal, daß sie mich auch nicht ernst nahmen. Aber nun, da ich mich an Friedel orientieren konnte, machte es mir nicht mehr so viel aus. Ich fühlte mich stark in meiner Einsamkeit, da ich um eine Ältere und Klügere wußte, die auf gleiche Art einsam war.
Als Führerinnenanwärterinnen gehörten wir einer Elite an, an die ganz andere Forderungen gestellt werden konnten. Friedel lehrte uns, Märchen zu lesen und ihren Sinn zu ergründen. Sie trieb mit uns Geschichte unserer eigenen Stadt. Sie füllte für mich Weihnachten mit Inhalt. Denn bisher hatte ich keinen

---

** Bekenntnisfront = So nannten Hitlers Anhänger die Bekennende Kirche. In der Bekennenden Kirche vereinigte sich seit 1934 die Mehrzahl der ev. Christen, die den von Hitler ernannten Reichsbischof ablehnten.*

darin finden können außer den traulichen Stunden, dem angenehmen Geruch der Bäckerei und der Freude, beschenkt zu werden und zu schenken. Nun vermittelte uns Friedel das Symbol der Kerze, die Licht verbreitet, indem sie sich selbst verzehrt. Den Mythos von der Mutter, die Leben schenkt und erhält.
Solche Sinn-Gebungen fielen bei mir auf guten Boden. Mein früher Hang zum Träumen verwandelte sich in die Bereitschaft zur Besinnlichkeit. Aber ich kam dabei nicht zur Besinnung.
Ich erzählte Mama an unseren Abenden gerne von Friedel und ihren schönen Feierstunden. Aber wenn sie Genaueres von mir wissen wollte, konnte ich eigentlich nichts Konkretes darüber sagen. Ich fand keine Worte für die Grundstimmung, in der ich neben Friedel meine ganze Umwelt wie in ein geheimnisvolles Licht getaucht wahrnahm. Es war dann unwichtig, was in der Welt um mich vorging. Wichtig war nur dieses verschwommene innere Gefühl.

Wieder einmal sitze ich, mit eingezogenen Beinen tief in den Sessel gekuschelt, bei Mama. Sie liegt auf dem Sofa und hat mir eben einen Brief von Andreas und Hilde vorgelesen. Nun hat sie die Hände sinken lassen. Der Brief gleitet zu Boden. Aber sie beachtet es nicht. Sie denkt nun vielleicht wieder an Andi. Seit er verheiratet ist, kommt viel häufiger Post von ihm. Dennoch ist mir, als wäre er nun noch weiter fort von uns als früher.
Wir haben Hilde und Andi nicht mehr gesehen seit jener schlichten Hochzeitsfeier. Ihre Briefe klingen fröhlich und unbeschwert. Hildes Leiden hat sich überraschend gebessert. Sie kann an zwei Stöcken sogar ein wenig gehen, und der Arzt hat ihnen Hoffnung auf weitere Stärkung gemacht, wenn Hilde häufig ein heilendes Bad aufsuche. Andreas hat ein altes Auto

gekauft, um seine Frau zweimal in der Woche zum Badeort fahren zu können. Hilde hilft ihm in der Werkstatt. Sie hat geschickte Hände, und es macht ihm Freude, sie auszubilden. Die beiden sind voller Pläne, voll Mut und voll Liebe. All dies erfahren wir aus ihren Briefen.

Trotzdem habe ich heute wieder das Gefühl, als sei dies nicht alles. Als wäre in dem Brief, den Mama eben vorgelesen hat, noch etwas Ungeschriebenes verborgen. Aber ich kann nicht danach fragen, weil ich keine Worte dafür habe.

Mama blickt wieder in die Ferne, und mir ist, als habe sie mich vergessen.

Ich denke an die Hochzeit. An Hildes Eltern, die so seltsam stumm gewesen sind. Plötzlich sehe ich Hildes Vater deutlich vor mir. Seine dünnrandige Brille funkelt wie Feuer. Da erinnere ich mich, daß sie in gleicher Weise gefunkelt hat, als er vor seinem Häuschen gestanden und Mama begrüßt hat.

»Mama.«

Mamas Blick kehrt zu mir zurück.

»Mama, als wir zum ersten Mal Hildes Eltern sahen, vor ihrer Haustür, da hab ich geglaubt, der Vater Borg kannte dich schon. Dabei haben wir uns doch damals alle zum ersten Mal gesehen.«

Mama schweigt noch immer. Mir wird unbehaglich zumute. ›Irgendwas stimmt nicht‹, hatte Papa hinterher im Zug gesagt. Es fällt mir jetzt wieder ein.

Endlich sagt Mama etwas.

»Ich habe Herrn Borg ja auch schon gekannt. Erinnerst du dich denn nicht, was ich euch aus Nizza geschrieben habe?«

»Meinst du, was du von dem netten Herrn aus Norddeutschland geschrieben hast?«

»Ja. Es war Herr Borg. Er hat mir sehr geholfen, mich zurechtzufinden, als ich anfangs noch so schwach war. Später gingen wir viel zusammen spazieren. Er war auch da wegen seiner kranken Lunge. Er erzählte mir, daß er keine Schule mehr halten durfte und daß er diese teure Kur nur für ein paar Wochen machen könne, um sich für die Seinen wenigstens ein bißchen zu kräftigen. Er arbeitete täglich mehrere Stunden in der Stadt, um sich einen Teil des Aufenthalts zu verdienen.«

»Was hat er denn da gearbeitet?«

»Er kann gut Französisch, und es gab da eine Menge Leute, die schnell diese Sprache lernen wollten.«

»Dann haben die Kurgäste bei ihm Französisch gelernt?«

»Nein, nicht die Kurgäste. Leute, die in der Stadt wohnten und die erst eine kurze Zeit da waren. Deutsche, die erst in den letzten Jahren aus Deutschland weggegangen sind.«

»Dann waren es Juden?«

»Nicht nur Juden. Auch deutsche Emigranten.«

»Was sind Emigranten?«

»Das sind Leute, die bei uns hier gegen den Führer waren und die deshalb ihr Vaterland verlassen haben.«

»Gibt es denn viele solche Leute?«

»O ja. In der Schweiz und in Frankreich leben viele. Manche sind auch nach England oder Amerika gegangen.«

»Hast du mit ihnen gesprochen und sie gefragt, warum sie gegen den Führer sind?«

»Aber nein!« Mamas Stimme klingt entsetzt. »Mit Emigranten spricht man doch nicht! So wenig wie mit Juden.«

»Aber der Vater Borg hat doch auch mit ihnen gesprochen.«

»Er mußte ja mit ihnen sprechen, wenn er ihnen Französisch beibringen wollte. Er hat mir auch erzählt, daß es vielen sehr schlecht geht, weil die Männer oft keine Arbeit haben. Er hatte großes Mitleid mit ihnen, und einmal wurde er richtig böse, weil ich sagte, diese Leute seien doch selber schuld an ihrem Schicksal! Da habe ich nicht mehr mit ihm darüber gesprochen.«

»Mußte er sich denn wirklich mit diesen Leuten abgeben?«

»Er mußte doch Geld verdienen. Allerdings glaube ich, daß er fast kein Geld von ihnen verlangt hat. Weißt du, der Vater Borg ist ein so herzensguter Mensch, daß er sogar zu Emigranten gut sein mußte. Aber er hat so wenig Geld von ihnen bekommen, daß er seine Kur frühzeitig abbrechen und nach Hause fahren mußte.«
»Hat er dir denn von Hilde und ihrer Krankheit erzählt?«
»Aber natürlich. Fast immer sprach er von ihr. Er liebt sie sehr, und er hatte großes Heimweh nach ihr.«
»Nicht wahr, du hast ihm von uns erzählt.«
»Ja. Und dann kam eines Tages ein Brief von Andreas, in dem er schrieb, daß er Gelegenheit habe, in N. eine kleine Goldschmiedewerkstatt zu übernehmen. Ich war sehr traurig, daß er nicht zu uns heimkommen wollte, aber du weißt doch, wie schlecht er sich mit Papa versteht, und so konnte ich ihn auch verstehen. Als ich Herrn Borg von Andis Entschluß erzählte, stellte sich heraus, daß die Borgs auch in N. wohnen. Ich habe ihm dann natürlich viel von Andreas erzählt, auch davon, wie fern er uns gerückt ist in den letzten Jahren, und daß ich fürchtete, er sei doch sehr allein. Als drei Wochen später Herr Borg abreiste, versprach er mir, einmal nach Andi zu schauen und ihn zu sich einzuladen.«
»Und dann hat er Hilde gesehen und sich in sie verliebt.«
Nach einer Weile frage ich nachdenklich: »Hast du dem Papa denn erzählt, warum der Andi die Hilde kennengelernt hat?«
»Natürlich. Ich hatte ihm ja schon früher von Herrn Borg geschrieben. Aber ich konnte ihm einfach nichts über Hildes Lähmung sagen. Ich wollte, daß er ohne Vorurteile hinfährt.«
Ich nage an meiner Lippe herum. Denn es bedrängt mich noch eine Frage, die ich lange nicht herausbringe. Sie kommt mir sehr taktlos vor. Endlich sag' ich's doch: »Mama, wir haben im Weltanschauungsunterricht gelernt, daß es unrecht ist, wenn ein gesunder Mann eine kranke Frau heiratet oder um-

gekehrt. Aber wir haben doch auch gelernt, daß in einer echten Volksgemeinschaft alle gleich sind und jeder dem andern helfen soll.«

Und etwas leiser füge ich hinzu: »Greta findet, Andi hätte unrecht gehandelt. Aber ich finde, das geht sie doch gar nichts an.«

Mama hat sich starr aufgerichtet. Dann zieht sie mich in ihre Arme und streichelt mich liebevoll.

»Nela, Liebes! Laß keine unrechten Gedanken aufkommen. Euer Lehrer hat das doch nicht so gemeint. Er hat doch nur von Erbkrankheiten gesprochen. Und die Greta, die wollte dir nur was Häßliches sagen, das tut sie doch gern. Geh ihr aus dem Weg.«

»Kommst du mit ihrer Mutter nicht mehr zusammen in der Frauenschaft?«

»Nein. Ich habe mich zurückgezogen wegen meiner Gesundheit. Weißt du, mir gefällt nicht alles bei der Partei. Der Führer möchte da vieles auch anders haben, als es ist.«

Ich kann sie verstehen. Bei den Jungmädeln ist das gleich. Ich weiß, daß die wenigsten so sind wie Friedel.

Mama hebt Andis Brief auf. Sie faltet ihn zusammen, dann spricht sie weiter: »Manchmal kann ich den Vater Borg verstehen, daß er nicht in die Partei eingetreten ist. Wenn er sich auch nicht mit den Emigranten hätte einlassen dürfen. Die haben ihm so viele entsetzliche Lügen eingeredet, die das Ausland über uns verbreitet. Wenn er noch länger in Nizza geblieben wäre, hätten wir sicher großen Streit bekommen. Jetzt ist es vielleicht besser, wir reden mit dieser Familie nie über etwas Politisches. Sonst sind sie doch so nette und hochanständige Menschen.«

Ich denke nach. Die stumme Tischrunde fällt mir wieder ein. Wurde deshalb so wenig gesprochen, damals? War es das, was, wie Papa meinte, nicht stimmte?

Wenn Papa abends zu Hause war, las er uns gerne aus einem alten, dicken Buch vor. Es hieß ›Germania‹ und erzählte die Anfänge der deutschen Geschichte.
Seit ein paar Monaten hatten wir nun in der Schule auch Geschichtsunterricht. Für dieses Fach konnte ich mich richtig begeistern. Wir hatten neue Geschichtsbücher bekommen. Der Verfasser hieß Walter Gehl. Er stellte die Grundzüge der deutschen Geschichte nach des Führers neuen Richtlinien dar und machte ganz deutlich, daß deutsche Art und deutsche Kraft nur aus dem alten, ursprünglichen Born des Germanentums wachsen konnten.
Im Anfang war die Steinzeit. Das war dunkle Vorzeit. Aber dann kam das Licht über Mitteleuropa: Mit der Völkerwanderung fluteten die blonden Germanen ins Land, und das Heil Europas brach an. Denn die gesunden, germanischen Krieger waren dazu ausersehen, den notwendigen Untergang ›artfremder‹ Völker – das waren die Kelten und die Hunnen – einzuleiten. Die Römer waren zwar nicht ganz so artfremd, aber doch sehr verweichlicht. Deshalb konnte Hermann, der Cherusker, sie im Teutoburger Wald vernichten und Germanien befreien. Schon sind andere germanische Völker aufgebrochen, Rom zu erobern. Leider beging dann Theoderich, der große Ostgote, den unverzeihlichen Fehler, sein gesundes Volk sich mit den verweichlichten und überfremdeten Römern vermischen zu lassen. Deshalb mußten sie untergehen. So würde es uns immer ergehen, wenn wir unsere eigene Art vergäßen. Zum Vergleich wurde die jüngste Vergangenheit angeführt, die Weimarer Republik, die unser Volk so schlimm hatte ›verjuden‹ lassen.
Alles, was von früherer Zeit erzählt wurde, erregte mein Interesse. Ich verspürte ein geradezu körperliches Wohlgefühl, wenn ich von den Taten edler Helden hörte oder las. Und ich las sehr viel damals.

Wenn Papa aus der ›Germania‹ vorlas, kamen wir meist auf die deutschen Heldensagen zu sprechen, auf die Geschichten von Siegfried, Gudrun und Dietrich von Bern, oder auf historische Romane, die mir Papa nun statt der Karl-May-Bände aus der Bücherei mitbrachte. Ich verschlang Felix Dahns ›Kampf um Rom‹.
Mama hörte dann still zu. Sie hatte früher sehr viel gelesen. Nun rührte sie schon lange kein Buch mehr an. Nur eines lag auf ihrem Nachttisch. Sie hatte es von Nizza mitgebracht. Dort hatte sie es von jemandem geschenkt bekommen. Es hieß ›Die Wahlverwandtschaften‹, und wenn sie darin las, konnte es wieder geschehen, daß ihre Augen in die Ferne blickten, als suchten sie etwas Verlorenes.

Deutschland, heiliges Wort

Sommerlager mit Friedel! Sie gestaltete es uns F-Schar-Mädeln auf ihre Art. Die kleinsten Dinge gewannen bei ihr Tiefe und Bedeutung. Wir steigen schweigend in der Abenddämmerung auf einen Berg. Plötzlich öffnet sich uns zwischen zwei hohen Tannen die Sicht ins weite Land. Im abnehmenden Licht liegt es vor uns, still, und doch in den sich langsam verändernden Farbtönen bewegt und lebendig. Friedels Stimmung teilt sich uns mit. Sie sagt leise: »Deutschland, heiliges Wort.«
Wir haben uns an den Händen gefaßt und singen dieses Lied.

Deutschland, heiliges Wort,
Du voll Unendlichkeit,
Über die Zeiten fort
Seist du gebenedeit.

Heilig sind deine Seen,
Heilig dein Wald,
Und der Glanz deiner stillen Höhn,
Bis an das grüne Meer.

Eine Andacht hat uns ergriffen, die verschwommen ist wie die dämmernde Welt vor uns. Deutschland – was ist das nun eigentlich? Heimat? Sprache? Heile Welt? Geschichte? Zukunft? Gelobtes Land? Gewiß, dies alles ist Deutschland. Und doch ist es zugleich noch viel mehr. Es ist das Heiligtum, für das es sich lohnt zu leben.
Alle Deutschen haben das Recht, in diesem Gelobten Land zu leben. Wie schützende Arme hat der Führer die Landesgrenzen um die Österreicher und Sudetendeutschen geschlungen. Nun sehnen sich die Menschen im polnischen Korridor* nach diesen Armen. Aber die Polen sind böse. Sie verachten dies heilige Recht. Sie quälen die Deutschen, deren Land sie gestohlen haben.

Im Sommer 1939 steigerten sich die Nachrichten von den Qualen, die Deutsche in Polen zu leiden hätten, ins Unerträgliche. Rundfunk und Zeitung berichteten Schreckliches darüber. Deutsche Schulen im Korridor würden geschlossen, deutsche Lehrer erschossen oder interniert, jeder, der deutsch sprach, grausam verfolgt. Kinder, die sich unschuldig ihrer Muttersprache bedient hätten, seien von der ›Soldateska‹ mit den Zungen an Tischen festgenagelt worden.
Wie lange noch würde der Führer zusehen?
Papa sagte: »Das geht nicht mehr lange. Unsere Truppen werden einmarschieren. Auch wenn die Polen nicht nachgeben.«

** Korridor = polnische Landverbindung zur Ostsee, die Ostpreußen vom übrigen Deutschland trennte*

»Dann wird's Krieg geben«, sagte Mama.
Papa war sehr zuversichtlich. Es würde sicher nur ein kleiner Feldzug werden, eine notwendige Strafmaßnahme gegen die halsstarrigen Polen.
Wir sind ergriffen und des raschen Sieges gewiß, als am 1. September des Führers Worte aus dem Volksempfänger tönen:
»Seit heute morgen um fünf Uhr wird zurückgeschossen . . . Auch ich habe meinen grauen Rock wieder angezogen, und ich werde an der Seite eines ganzen tapferen Volkes kämpfen als sein erster Soldat . . .«
Zwei Tage später erklärten Frankreich und England den Krieg. Ich wunderte mich, daß dies die Eltern so beeindruckte. Sie hatten es offenbar nicht erwartet. Der Zweifrontenkrieg, der damit drohte, weckte in ihnen Erinnerungen an den Weltkrieg. Die Leute auf der Straße und im Geschäft sprachen viel von den Luftschutzübungen der vergangenen Jahre. Müßte man wohl mit Luftangriffen rechnen? Bei dem Gedanken flog mich zum ersten Mal ein wenig Angst an. Aber wieder sprach der Führer. Er versprach, daß unsere starke Luftwaffe keinen feindlichen Bomber übers Land fliegen lassen werde. Papa, als Flukooffizier, bestätigte das zuversichtlich.
Die Franzosen waren uns in der Schule stets als weichliches, dekadentes Volk geschildert worden, nicht wert, daß man noch ihre Sprache lernte. Und unsere Englischlehrerin hatte uns von der Zeit erzählt, die sie als Erzieherin in England verbracht hatte. Hochmütig und faul sei dieses Volk, hatte sie gesagt, denn es lebe nur von der Arbeit seiner Kolonialvölker. Wir Deutschen hätten das nie getan. Trotzdem hätten England und Frankreich uns unsere Kolonien weggenommen.
Die Wochenschauen im Kino zeigten glänzende, waffenstar-

rende Truppenaufmärsche. Kein Zweifel – bald würde der glänzende Sieg unser sein.

Mein Schwager Werner mußte nun in der Kaserne wohnen und wartete auf seinen Fronteinsatz. Für Papa änderte sich nicht viel. Er hatte nur etwas mehr Dienst beim Fluko. Andreas hatte geschrieben, er müsse seine Werkstatt schließen, sei aber vom Militär noch zurückgestellt worden, weil er in der Flugzeugfabrik arbeiten müsse. Da er den ganzen Tag auswärts sein mußte, hatte er Hilde wieder zu ihren Eltern gebracht und die eigene Wohnung aufgegeben.
›Krieg‹ bedeutete für mich zunächst einfach ›Veränderung des Lebens‹. In der Veränderung zu leben, fand ich schöner und spannender als in den gleichbleibenden Pflichten des Alltags.
Es war wundervoll, daß zunächst einfach die Sommerferien nicht aufhörten. Sicher würden wir Mädel gleich beim Roten Kreuz gebraucht werden. Ich konnte es kaum erwarten, auch einen Gestellungsbefehl zu bekommen.
Aber leider war kein Bedarf an zwölf- bis dreizehnjährigen Mädchen. Nur Irene wollte mich haben. Sie hatte ein vier Wochen altes Kind und war noch recht schwach, und nun, da Werner nicht mehr bei ihr wohnen konnte, war sie froh an der kleinen Schwester. Und ich tat um des Krieges willen sogar die sonst gehaßte Hausarbeit gern. Manchmal kam Werner heim. Nun erst lernte ich ihn besser kennen. Er war ein treuer Gefolgsmann des Führers. Ich war stolz auf diesen Schwager, der sich weigerte, sein Kind taufen zu lassen. Reni fügte sich, wenn auch ein wenig zögernd, seinem Willen.
Sie hat das Wohnzimmer in einen duftenden Rosengarten verwandelt. Das winzige, schwarzhaarige Kindchen liegt in einer Wolke steifer weißer Spitzen, in deren Mitte eine rote Rose gebunden ist. Sie sitzt zum Glück fester als die weiße

Rose, die bei der Hochzeit der Mama Cornelius aus dem Haar gefallen ist. Diese hier hält, und sie duftet süß.
Um den festlich gedeckten Tisch ist nur die engste Familie versammelt: Mama, Papa und ich, die Eltern Cornelius und ihr jüngerer Sohn Rainer, Irenes Freundin Ingeborg und die glücklichen Eltern selbst. Ingeborg und Rainer werden zu Paten ernannt und dürfen deshalb mit Werner und Irene ein extra Glas Sekt leeren. Bei Tisch sitze ich neben Rainer.
Werner hält eine kleine Rede. Er gibt seiner Tochter feierlich die Namen Irina Katharina Anna. Nun werde, sagt er, dies Kind in den Kreis der Familie aufgenommen. Es habe das ungeheure Glück, in ein neues, herrliches Deutschland hineinwachsen zu dürfen. Auch als Mädchen und künftige Frau werde es einmal diesem Deutschland dienen dürfen.
Ich finde, daß dies ein schönes Fest ist. Es wird viel geredet und gelacht.
Als Rainer, der Pate, dem stolzen Vater die Hand schüttelt, streift er meine Schulter. Ich spüre, wie ich erröte.
Der restliche Nachmittag erscheint mir in rosa Licht getaucht. Ich weiß nicht, ob das vom Erröten kommt oder von der Rosenpracht ringsum. In diesem Licht berührt mich ein Glück, das ich nicht deuten kann.

Es gefiel mir, bei Irene zu arbeiten. Zum ersten Mal erlebte ich ein ganz kleines Kind. Ich wußte nicht, wie es kam, daß ich es so liebhatte.
Auch Rainer schien es liebzuhaben, denn er kam oft, um nach ihm und seiner Mutter zu sehen. Er ging in die letzte Klasse des Realgymnasiums. Er sah nicht so schneidig aus wie sein älterer Bruder. Er hatte dunkles, seidig glänzendes Haar und etwas schwermütig blickende braune Augen. Natürlich war er Jungvolkführer, aber seine Uniform paßte zu ihm nicht so gut wie die Offiziersuniform zu Werner paßte. Doch mein Herz

fragte offenbar nicht nach solchen Vergleichen, sondern fing einfach an, wie wild zu klopfen, sobald er durch die Tür trat. Es klopfte so laut, daß ich fürchtete, alle Welt könnte es hören. Deshalb brachte ich kein Wort heraus. Doch dies Problem bestand nur für mich, nicht für ihn. Er sah mich nämlich überhaupt nicht.

Er sitzt bei Reni und dem Kind im Zimmer. Ich hantiere laut in der Küche herum und klappere mit dem Geschirr. Aber die drinnen scheint das nicht zu stören. Nun bringe ich irgend etwas ins Zimmer. Aber in Rainers Sichtweite muß ich plötzlich ein häßliches Gesicht schneiden, muß betont wegschauen, muß an die Möbel stoßen und etwas umwerfen. Nun schilt mich Reni ein Trampel. Ich renne hinaus und verkrieche mich weinend in der dunkelsten Küchenecke.

Als Rainer wieder fort ist, treibt Reni ihren Spott mit mir. Aber sogar ihr Spott ist mir recht, wenn ich dabei mit ihr über den Angebeteten sprechen kann.

Ich sah mit meinen zwölfeinhalb Jahren noch ausgesprochen kindlich aus. Dies verlieh mir, so schien's mir, Jungen gegenüber eine Art von Tarnkappe, so daß keiner mich sehen konnte. Greta sahen viele. Ich war unsichtbar. Je unsichtbarer ich mich fühlte, desto gehemmter benahm ich mich Jungen gegenüber. Reni konnte das nicht verstehen. Sie ärgerte sich sogar darüber. Ihre kleine Schwester war ihr peinlich. »Du kriegst nie einen Mann!« prophezeite sie mir immer wieder.

Nach drei Wochen fing die Schule wieder an und war Polen besiegt. Der Jubel über diesen Blitzsieg, über die Heimholung des Korridors und die Befreiung der Deutschen war groß. Aber er schien mir nicht mehr so groß zu sein wie der nach dem Anschluß Österreichs. Wir hatten nämlich immer noch Krieg. Er artete in Alltag aus. Deshalb stellten sich auch wieder Papas gefürchtete schlechte Launen ein. Das Geschäft forderte viel

lästige Kleinarbeit. Gold und Silber waren streng bewirtschaftet und mußten gegen die entsprechende Menge Alt-Edelmetall aufgewogen werden. Der Geselle war eingezogen worden. Es gab keine gemütlichen Abende mehr.
Aber Friedel hatte viele Aufgaben für mich. Sie schickte mich auf Bastelkurse und übte ein anspruchsvolles Märchenspiel mit uns ein für die Vorweihnachtszeit. Wie immer mußte ich die Prinzessin spielen. Ich war damals eine Prinzessin mit eckigen Bewegungen und hilflos schlenkernden Armen, wie ich aus einer Zeitungskritik erfuhr.
Weihnachten heißt jetzt »Kriegsweihnacht«. Werner hat Urlaub und verbringt mit Reni und der kleinen Irina das Fest bei uns. Mama bereitet wie immer das Weihnachtszimmer vor. Auf Werners Wunsch hat sie die kleine Krippe, die Reni einst für uns gebastelt hat, nicht mehr aufgebaut. Papa findet, auf die Melodie ›Stille Nacht, heilige Nacht‹ könne man unmöglich verzichten, denn sie sei die schönste aller Melodien. Doch Mama sagt, den Text vom holden Knaben im lockigen Haar könne sie nicht mehr singen. Da legt Papa den Notizblock auf die Armlehne des Sessels und schreibt den Vers um. Es geht ganz schnell, und ich greife die erhabenen Worte mit Eifer auf und singe sie unterm Baum voll Inbrunst:

Stille Nacht, heilige Nacht,
Alles schläft, einer wacht,
Der in den Sternen hoch über uns wohnt
Und über allen Welten thront,
Richter von Böse und Gut . . .

Im März wird Papa von neuer Euphorie ergriffen. Deutsche Truppen haben im Handstreich Dänemark besetzt. Ich finde, dies sei doch eigentlich auch altes germanisches Land und gehöre heim ins Reich. Unverständlich, daß jetzt die Norwe-

ger, in deren Land unsere Soldaten weitermarschierten, sinnlos gegen uns kämpfen.
Niemand sprach in meiner Umgebung vom Neutralitätsbruch. Außerdem galt Neutralität als ein bloßes Reizwort. Wer neutral war, war feige. So hatten wir's im Weltanschauungsunterricht gelernt.
Damals entstanden viele neue Lieder. Plötzlich waren sie da.
›Bomben, Bomben, Bomben auf Engelland!‹
›Gib mir die Hand, deine weiße Hand . . . denn wir fahren gegen Engelland, ahoi!‹
Unser Musiklehrer war unermüdlich im Auffinden neuer Kriegslieder. Und wir wünschten singend Bomben auf Engelland und nahmen es ohne Verwunderung und ohne Trauer hin, als aus dem Ruhrgebiet, weit weg vom sicheren Süddeutschland, die ersten Angriffe englischer Bomber gemeldet wurden.
Die Siege, die im Seekrieg von unseren Unterseebooten errungen wurden, bewegten uns mehr. Täglich dröhnten die Fanfaren der Sondermeldungen aus dem Radio.
Ich wußte zwar nicht, was eine Bruttoregistertonne war, aber ich war stolz, daß täglich englische Schiffe von einer hohen Zahl solchen Maßes im Meer versenkt wurden. Auf den Gedanken, daß mit solchen Schiffen Menschen versanken, Männer, die daheim Mütter, Frauen und Schwestern hatten, kam ich nicht.
Andere Menschen bestanden für mich nur als Teile von Gruppen oder Völkern. Sie waren entweder Freunde oder Feinde, oder, wenn man die Polen und Tschechen meinte, auch Untermenschen. Und dann gab es noch Juden. Aber die hatte ich fast vergessen.
Ich war stolz, eine Deutsche zu sein und in einer so großen Zeit leben zu dürfen. Papa war es auch.
Bald würden wir einen siegreichen Frieden bekommen.

Zwei Welten

Wir hatten nun schon ein Dreivierteljahr Krieg.
Zu Ostern wurden meine Altersgenossinnen konfirmiert. Jedenfalls die meisten von ihnen. Sie sprachen damals nicht darüber, ob sie selbst oder ihre Eltern es wollten. Mit mir schon gar nicht. Es war in diesen Tagen, glaube ich, daß mich Andersdenkende zu meiden begannen oder in Schweigen verfielen und mich auch einfach stehenließen, wenn ich das Gespräch auf politische oder weltanschauliche Fragen brachte. Damals aber fiel mir meine beginnende Isolation nicht auf.
Ich selbst sollte, zusammen mit Gleichgesinnten, die ›Jugendweihe‹ bekommen. Aber erst nach Ostern, damit allen Leuten klar würde, daß diese Weihe nichts mit der Konfirmation zu tun habe.
Vorher hatten wir Osterferien. Zum Zeichen, daß ich nun bald erwachsen wäre, durfte ich ganz allein die weite Reise zu Andreas und Hilde unternehmen. Die Eltern schenkten mir die teure Fahrkarte zum kommenden Fest.
Als ich, in meinem ersten Kostüm und artiger Mütze, im D-Zug saß, hatte ich das Gefühl, ich ließe meine bisherige Welt hinter mir und führe ins Unbekannte. Ich empfand mich fast wie ein privates Einzelwesen, und mich beschlich ein schlechtes Gewissen, denn mir war, als entwischte ich dem Führer.
Vater Borgs Brillengläser blitzten in der Sonne, als er mich am Bahnhof von N. begrüßte. Er breitete die Arme aus und drückte mich herzlich an sich. Dann sah er mich an.
»Kleine Anna«, sagte er leise.
Er nahm die Brille ab und putzte sie umständlich.
Wir gingen den langen Weg zu Fuß. Er erzählte mir von Andi, der in der Flugzeugfabrik sehr angestrengt arbeiten müsse, oft auch bei Nacht. Ich fragte nach Hilde. Ich war sehr gewachsen

und nun fast gleich groß wie er. So konnte ich ihn genau von der Seite sehen, als ich ihn fragte. Ich konnte seine Augen sehen, ungeschützt von der blitzenden Brille. Da sah ich, daß sie voller Angst und Sorge waren. Aber als er antwortete, klang seine Stimme so, als wolle er sich selbst Mut zusprechen.
»Hilde geht es gut. Sie will dich mit etwas überraschen, ich darf nichts verraten. Aber da sind wir ja schon.«
Wie vor zwei Jahren stand Mutter Borg in der Haustür. Wieder sagte sie einfach »Willkommen«. Dann umarmte sie mich.
Im Wohnzimmer saß Hilde. Auf ihrem Gesicht und ihren hellen Haaren lag der Schein der Sonne, der gerade noch durch einen Winkel des Fensters eindrang. Hilde saß auf einem gewöhnlichen Stuhl, und als wir eintraten, erhob sie sich langsam. Ich sah, daß es ihr viel Mühe machte. Sie hielt sich mit einer Hand am Flügel fest, aber dann stand sie vor mir und lächelte mich an. »Nela, meine liebe kleine Schwester!«
Die Freude darüber, daß sie keinen Rollstuhl mehr brauchte und von allein aufstehen konnte, bestürzte mich so, daß ich gar nichts sagen konnte. Ich hörte auch, wie sie, als sie sich wieder setzte, leise aufstöhnte. Ich kniete mich neben sie und umschlang sie heftig. Ich hätte es gern verhindert, daß mir die Tränen kamen, aber es ging nicht. Ich wußte auch nicht, warum sie kamen.
Da nahm Hilde ihr Taschentuch und wischte sie lachend ab, und dann meinte sie, daß ich doch sicher schrecklich hungrig sei nach so einer weiten Reise.
Als wir uns an den Abendbrottisch setzten, kam Andreas. Er hatte seine Nachtschicht verlegen können, aber vorher nichts davon gesagt. So überraschte er uns alle.
Als er bei uns saß, löste sich der Rest beklommener Fremdheit, die noch zwischen uns geherrscht hatte. Er sah schmal und müde aus. Aber er überschüttete mich mit Fragen, und ich kam kaum zum Essen, so viel mußte ich erzählen.

Wir saßen noch lange zusammen an diesem ersten Abend. Ich empfand den gleichen Zauber über unsrer Runde wie damals bei der Hochzeit, und ich hatte wieder das Gefühl, weit fort zu sein von allem, was sonst mein Leben ausgemacht hatte. Aber diesmal kam kein schlechtes Gewissen in mir auf. Ich war einfach glücklich.

In den folgenden Tagen war Andi immer fort. Er mußte auswärts in einem Zweigwerk arbeiten. Ich saß viel bei Hilde. Sie saß an einem Tisch und fügte winzige Metallteile zusammen.
»Das ist für die Fabrik, in der Andi arbeitet«, erklärt sie mir. »Weißt du, ich möchte doch auch gern etwas Nützliches tun, auch wenn es Vater nicht gern sieht.«
»Warum will er es nicht?« wundre ich mich.
»Er meint, es wäre zu anstrengend. Immer macht er sich Sorgen um mich. Andi ist anders. Ohne ihn hätt' ich nie gelernt, ohne Rollstuhl zu leben. Nun geht es jeden Tag besser.«
Dann fragt sie mich wieder nach Reni und ihrem Töchterchen. Ich habe ihr schon viel von dem Kind erzählt. Sie will immer noch mehr wissen. Sie hat die hübschen Fotos von der Kleinen, die ich mitgebracht habe, vor sich auf dem Tisch liegen und kann den Blick nicht von ihnen wenden. Sie fragt nach jeder Einzelheit; nach dem ersten Zähnchen, den ersten Krabbelversuchen, dem ersten Gestammel. Ich habe gar nicht gewußt, wie viel ich von der kleinen Irina weiß.
Plötzlich ist Vater Borg bei uns. Er betrachtet die Kinderbilder und bewundert sie ein wenig. Aber ich fühle, daß er nicht froh ist darüber. Er sagt, er sei gekommen, um mir die Stadt zu zeigen.
N. ist eine sehr alte Stadt. Wir besichtigen den Dom. Ich staune über das wuchtige Gewölbe und die dicken Säulen, die mit steinernen Figuren geschmückt sind.
»Das ist alles rein romanisch«, höre ich Vater Borg sagen. Ich

weiß nicht, was das ist. Seit vielen Jahren bin ich in keiner Kirche mehr gewesen, seit Irenes Hochzeit nicht mehr, und da habe ich nichts von der Kirche bemerkt. Ich kann nicht sagen, ob mir der steinerne Bau mit den vier Türmen gefällt.
Als wir auf die Stadtmauer zugehen, höre ich näherkommende Marschtritte und Gesang. Ich kenne das Lied, denn wir haben es selbst schon oft gesungen, obwohl ich es nicht mag. Einmal habe ich zu Friedel gesagt, daß das Lied doch etwas Erschreckendes an sich haben müsse für Leute, die noch nicht so sehr an den Führer glaubten und die wir durch edles Beispiel für ihn gewinnen sollten. Es klingt nun sehr laut und sehr erschreckend.
›Es zittern die morschen Knochen der Welt vor dem großen Krieg . . .‹
Ein Jungvolkfähnlein marschiert auf uns zu. Die große schwarze Fahne mit dem Reichsadler flattert voran.
»Denn heute – da hört uns – Deutschland, und morgen – die ganze Welt!«
Die hackenden Sätze des Lieds brechen sich an den Häusern.
Als die Jungen an uns vorbeiziehen, hebe ich ehrfürchtig den rechten Arm und grüße die Fahne. Auch andre Leute grüßen.
Als sie vorüber sind, sehe ich mich nach Vater Borg um. Aber ich bin allein. Wir haben uns anscheinend verloren. Da tritt er zu mir aus einem Laden heraus.
»Verzeih, ich habe mir eben nur ein wenig Tabak für meine Pfeife geholt.«
Ich blicke der Marschkolonne nach. Vorn an der Straßenecke scheint es einen Stau zu geben. Ich habe das Kommando einer hellen Knabenstimme gehört, wie sie »Abteilung – halt!« gerufen hat. Und nun erschallt ein Chor aus hundert Kehlen durch die enge, von Menschen bevölkerte Straße, und dazu zeigen die Arme der Jungen in eine bestimmte Richtung. Dort steht ein älterer Herr, der links und rechts von zwei Jungen an

den Armen festgehalten wird, und ihm scheint der Sprechchor zu gelten:
»Warum grüßen Sie die Fahne der Bewegung nicht! Pfui, schämen Sie sich!«
Ich sehe, wie der Mann sich losreißt und mit raschen, hastigen Schritten davongeht. Ein paar Leute schütteln die Köpfe. Das Fähnlein marschiert weiter.
Ich bewundere die Jungen. Aber eigentlich finde ich den Vorfall doch recht peinlich. Ich schäme mich für meine Kameraden, obwohl ich finde, daß sie recht haben. Gleichzeitig spüre ich, wie auch ich am Arm gefaßt werde. Vater Borg zieht mich eilig fort, in die andere Richtung. Ich kann seine Augen wieder von der Seite sehen. Sie erscheinen mir fast schwarz, und sein Gesicht ist grau geworden wie die Gesichter der steinernen Figuren im Dom.
Er geht so rasch, daß ich Mühe habe, ihm zu folgen, und er spricht kein Wort mehr, bis wir zu Hause ankommen. Er nimmt auch nicht am Abendbrot teil. Mutter Borg sagt, er habe Kopfweh.

Nach dem Essen setzte sich Mutter Borg an den Flügel und spielte.
»Das ist ein Klavierkonzert von Beethoven«, sagte sie. »Kennst du es?«
Ich kannte es nicht. Ich wußte nur, daß Beethoven ein großer deutscher Komponist war. Aber ich hatte noch nie ein Werk von ihm gehört. Ich genierte mich ein wenig deshalb. Aber ich wußte ja, daß ich unmusikalisch war. Sie hatten es zu Hause gesagt, seit ich verstehen konnte, was sie sagten.
Tagsüber kamen oft Kinder und junge Leute ins Haus. Sie kamen zu Mutter Borg und nahmen Klavierstunden bei ihr. Ich wußte, daß die Familie davon lebte. Manchmal sah ich auch, wie der eine oder andere Musikschüler hinterher in Vater Borgs Zimmer hinaufging.

»Er erklärt ihnen ein wenig Mathematik und Latein«, sagte Hilde. »Aber eigentlich nehmen sie bei Mutter Klavierstunden. Vater darf nämlich nicht unterrichten.«
»Warum nicht?«
»Weil – wegen seines Lungenleidens. Obwohl es nicht ansteckend ist. Aber es gibt da so ein Gesetz. Es ist besser, du sprichst nicht mit ihm darüber. Weißt du, er ist sehr traurig, daß er nicht mehr Lehrer sein kann.«
Ich muß an diesem Abend noch lange nachdenken. Zu Hause wußte man von einem Lehrer am Realgymnasium, der ›zwangspensioniert‹ worden war. Er hatte nach der Kristallnacht für die Juden gesprochen. Bis er Soldat werden mußte, hatte er nicht mehr unterrichten dürfen und auch sonst keine Arbeit bekommen. Plötzlich sehe ich im Geiste wieder Vater Borgs grau gewordenes Gesicht vor mir. Zuvor ist der Sprechchor gewesen. Vater Borg hat Tabak gekauft, während ich die Fahne grüßte. Mir kommt der Verdacht: Ist er etwa auch ›dagegen‹?
Der Gedanke ist mir unangenehm. Denn ich habe ihn lieb, und es ist schwer zu ertragen, daß jemand, den ich liebhabe, gegen den Führer ist.
Ich hielt mich nun meist bei Hilde auf. Manchmal half ich der Mutter in der Küche oder im Garten. Sie sagte, daß sie mir so gerne auch Klavierstunden geben würde, wenn ich in ihrer Nähe wohnte. Aber ich könnte ja auch daheim Stunden bekommen. Ich blicke sie sehr erstaunt an. »Ich bin doch unmusikalisch.«
»Niemand ist unmusikalisch. Musik ist ein Stück Leben, das zu jedem Menschen gehört«, sagte sie dann.
»Papa kann dafür kein Geld ausgeben. Und ich hätte auch gar keine Zeit dazu. Ich werde jetzt Führerin, da gibt es viel wichtigere Aufgaben für mich.«
Mutter Borg schwieg. Nach einer Weile erklärte sie mir die

Namen der Blumen, zwischen welchen wir das Gras ausrupften.
Aber am nächsten Tag kam sie auf unser Gespräch zurück. Sie hatte einen hübschen Kaffeetisch gedeckt, nur für sie und mich. Der Vater war mit Hilde beim Arzt.
Ich freue mich über die gemütliche Stunde, die sie mir bereitet hat. In ihrer Nähe ist mir wohl. Ich möchte noch einmal von ihr wissen, wie sie das gemeint hat gestern von der Musik, die zu jedem Leben gehöre.
Aber sie scheint mich nicht zu hören. Sie blickt lange über mich hinweg, und dann stellt sie mir eine Frage. Sie fragt mich, warum ich eigentlich Jugendweihe hätte.
Ich bin selbst überrascht, als mir die Antwort einige Schwierigkeiten bereitet.
Ich merke, daß es viel einfacher ist, gegen etwas zu sein, als sagen zu müssen, was ich eigentlich will. Schließlich fällt mir etwas dazu ein.
»Wir wollen so werden, wie die alten Germanen waren: gut, edel, tapfer, treu.«
»Aber das waren doch nicht nur die alten Germanen. Und findest du, daß wir die germanischen Lebensanschauungen so einfach auf uns übertragen können?«
»Das ist es ja, was wir wieder lernen müssen.«
»Das wäre doch ein gewaltiger Rückschritt.«
»Warum?«
»Denk doch an die ganze Kultur, die inzwischen entstanden ist.«
»Genau diese Kultur gilt es ja zu reinigen von aller Überfremdung.«
»Was verstehst du denn unter Überfremdung?«
»Nun, zum Beispiel den jüdischen Ballast des Christentums. Die Verweichlichung, die darin verherrlicht wird.«
»Aber es gäbe in der Schule für dich ja nichts zu lernen, wenn

wir die Kultur der letzten zweitausend Jahre nicht hätten«, gibt sie mir zu bedenken.
»Für sich zu lernen ist auch gar nicht wichtig. Wichtig ist es, für andere da zu sein.«
Nun staunt sie.
»Aber genau das hat uns doch Christus gelehrt.«
»Ja, aber das Christentum lehrt es aus egoistischen Gründen. Denn wer da Gutes tut, der kommt selbst in den Himmel. Wir aber wollen nichts für uns, sondern alles nur für unser Volk.« Und dann füge ich noch hinzu: »Deshalb habe ich auch keine Zeit, Klavierstunden zu nehmen. Das wäre sehr egoistisch von mir.«
Mutter Borg schweigt und blickt wieder über mich hinweg. Ich stelle zu meinem Erstaunen und zu meiner Genugtuung fest, daß Mutter Borg keine Antwort weiß. Ihr Blick aber ist zu mir zurückgekehrt, und er ruht in einer Art auf mir, die mich beunruhigt und die alle Genugtuung schwinden und auf eine unklare Weise in mir Schuld und Unsicherheit aufkommen läßt. Aber dies dunkle Gefühl wird rasch von Trauer überwuchert. Ich weiß nun, daß beide Eltern von Hilde ›dagegen‹ sind. Wie kann ich sie nur von unserer guten Sache überzeugen?
Als kurz vor Ostern Andreas wiederkam, war es mir unmöglich, mit ihm über die Unterhaltung mit Mutter Borg und über meine Gedanken um Vater Borg zu reden. Mir schien es plötzlich, als wäre Andreas heillos in Wirrnisse verstrickt, an die zu rühren gefährlich wäre. Ich wollte den geliebten Bruder nicht noch weiter verlieren.

Es ist Karfreitag.
Ich bin sehr erstaunt, wie feierlich es heute in diesem Haus zugeht. Papa hat den freien Tag immer genutzt, um im Garten zu arbeiten. Aber der Vater Borg hat seinen schwarzen Anzug an und die Mutter ihr seidenes Kleid. Alle gehen zur Kirche,

auch Andi. Ich komme mir, wie ich so allein zurückbleibe, sehr verloren vor.
Nach dem Mittagessen sagt Mutter Borg: »Wir haben heute eine Überraschung für dich. Du darfst nachher mit uns in die Matthäuspassion gehen. Ich habe gerade noch eine Karte für dich bekommen.«
Ich bin ein wenig verlegen, denn ich weiß nicht, was das ist, womit sie mich überraschen will. Ist es ein Theater oder ein Film oder eine Ausstellung? Andreas deutet meine Ratlosigkeit richtig. Er nimmt mich hinaus in die Küche und wäscht mit mir zusammen das Geschirr ab. Dabei erklärt er mir, daß die Matthäuspassion ein großes Werk von Johann Sebastian Bach sei, das aus wunderbarer Musik und Gesang bestehe und Leiden und Kreuzigung Christi ausdrücke.
»Das interessiert mich doch nicht«, sage ich leise.
»Das weiß ich, Nela. Aber sieh, die Eltern könnten es nie verstehen, daß ein Mädel wie du keinen Sinn haben könnte für so etwas Schönes. Hör es dir doch einfach mal an. Du willst die beiden doch nicht kränken.«
Nein, das will ich auf keinen Fall. Wir gehen alle fünf in dieselbe Kirche, die mir der Vater neulich gezeigt hat. Sie ist voll bis auf den letzten Platz.
Vorn sitzt ein großes Orchester, und dahinter steht der Chor. Dann ertönt die Musik. Erst staune ich nur und bin wegen des Textes sehr mißtrauisch.
Aber plötzlich kann ich nicht mehr an einzelnes denken. Überall ist Musik. Sie deckt mich zu. Sie bedrängt mich so, daß es weh tut. Dann ist mir, als breche tief in mir etwas auf, öffne sich für das, was ich hier höre und immer weiter hören will.
Neben mir sitzt Vater Borg. Er hat die Augen geschlossen. Sein Mund ist ein wenig geöffnet, als benutze er ihn zum Hören.
Plötzlich fürchte ich mich. Mir ist, als griffe etwas Unbekann-

tes nach mir, gegen das ich mich nicht wehren kann. Ich sitze neben dem lauschenden Mann und fühle mich ausgeliefert.
Nach dem Konzert lächeln sie mir alle zu, als wollten sie sagen: Siehst du, es hat dir doch gefallen. Aber sie sagen es nicht, und ich bedanke mich ein wenig stammelnd.
Es ist besser, wenn ich mich nicht mehr auf so etwas einlasse. Es gehört zu Vater und Mutter Borg, und die sind doch ›dagegen‹. Ich fürchte mich vor solcher Musik.
Ich fuhr heim zur Jugendweihe. Sie fand im ›Nibelungensaal‹ statt. Er hatte ein Gewölbe, das dem des Doms in N. ähnlich war.
Da, wo früher einmal das Kreuz die Blicke gesammelt hatte, als der Raum noch ›Refektorium‹ hieß, bedeckte jetzt das blutrote Tuch einer riesigen Hakenkreuzfahne die Wand.
Unser Schulleiter hält eine sehr ernste Rede. Er ruft uns auf zu Willensbildung und Leistung, zu Hingabe und Opfer. Denn wir sollen die Garanten einer herrlichen Zukunft sein.
Wir sprechen die Verpflichtungsworte, und ich spreche sie voll Glauben: »Ich glaube an Deutschland und kämpfe dafür: Heute und morgen und in der Zukunft, bis unser der Sieg ist.«
Bei dem letzten Wort des Gelöbnisses kommen mir Bedenken. Das ›Bis‹ stört mich. Sollten wir etwa nach dem Sieg nicht mehr gebraucht werden? Dies erscheint mir etwas billig. Ich beschließe in meinem Herzen, nach dem Sieg mein Leben erst recht dem herrlichen Deutschland zu weihen.
Meine Eltern waren sehr beeindruckt von der Feier. Sie sprachen darüber beim festlichen Essen, aber ich sah, daß Tante Grete ein wenig den Kopf schüttelte. Plötzlich war ich froh, daß die Eltern Borg nicht hier waren.
Als ich mich hinterher bei ein paar wenigen Bekannten meiner Eltern für ihre Geschenke bedanken mußte, trafen mich kühle Blicke. Ich merkte, daß sie die Köpfe über uns schüttelten. Ich wußte, daß wir immer noch zu einer Minderheit gehörten.

Auch die Eltern Borg gehörten einer Minderheit an. Aber es waren zwei verschiedene Minderheiten, wie zwei verschiedene Pole. Die Mehrheit der Leute befand sich in der Mitte, unpolitisch und oft recht gut angepaßt. Diese Leute schüttelten höchstens die Köpfe.
Sollten sie doch!

Sondermeldung

Im Frühjahr 1940 wartete alles darauf, daß der Führer endlich gegen die Franzosen losschlagen würde. Ich verstand nicht, warum sich unsere älteren Bekannten so sorgenvoll gaben.
Am zehnten Mai begann die große Offensive. Holland und Belgien wurden überrannt. Es ging alles sehr rasch. Als Verdun nach wenigen Tagen erobert war, hellten sich die besorgten Gesichter auf. Mit dem Marsch nach Paris schmolzen die letzten Zweifel dahin. Dann war Paris in deutscher Hand. Der Jubel kannte keine Grenzen mehr. Viele von denen, die immer noch am Führer gezweifelt hatten, zweifelten nun an sich.

Für mich bestand dieser Feldzug eigentlich nur aus berauschenden Sondermeldungen. Schon die raffiniert ausgewählte Melodie, die jeder dieser Meldungen voranging, versetzte mich in Hochgefühl:
›Es braust ein Ruf wie Donnerhall . . .‹
Dann folgte ein Trommelwirbel und dann die Siegesmeldung.
Papa schwelgte in seinem Triumphgefühl. Man ›gab‹ es diesmal den Franzosen.
Mit dem Feldzug war das Frankreichlied entstanden. Es erscholl aus dem Radio, und groß und klein sang es mit:

Kamerad, wir marschieren im Westen
Mit den Bombengeschwadern vereint.
Und fallen auch viele der Besten,
Wir schlagen zu Boden den Feind!
Vorwärts, voran, voran!
über die Maas, über Schelde und Rhein,
Marschieren wir siegreich nach Frankreich hinein!

Daß ›viele der Besten‹ fallen, das sang man so hin.
Längst war man es gewohnt, sich von Schlagworten und verheißendem Zukunftsglück leiten zu lassen. Ich war es so gewohnt, daß die allmählich in der Zeitung auftauchenden Gefallenenanzeigen sich für mich, die persönlich Unbetroffene, merkwürdig abstrakt ausnahmen. Da stand: ›Gefallen für Führer, Volk und Vaterland‹. Es las sich wie ein religiöses Opferritual.
Einem Jungmädel war der Vater gefallen, einer Schulkameradin der Bruder. Ich aber war keiner echten Anteilnahme für die Betroffenen fähig. Ich erschrak selbst über die Kälte in mir. Aber ich konnte dies Gefühl nicht ändern.
Denn das Kriegsgeschehen blieb für mich immer noch fern und schemenhaft. Ich hatte keinen Vater und Bruder an der Westfront. Werner war dort nur kurze Zeit an den Kämpfen beteiligt gewesen. Nun mußte er helfen, das fremde Land zu besetzen. Aber was waren alle Veränderungen in Europa gegen die große Veränderung meines eigenen dreizehnjährigen Lebens.
Ich war nun endlich Führerin!
Als ich zum ersten Mal die fünfzehn zehnjährigen Mädel um mich versammelt hatte, fühlte ich mich mit meiner ganzen Person zur Verantwortung gerufen. Über diesem Glück vergaß ich alles um mich herum.
Jede Jungmädelgruppe bestand aus etwa hundert bis hundertzwanzig zehn- bis vierzehnjährigen Mädeln, jeweils aus einem

besonderen Stadtbezirk. Der hieß jetzt ›Ortsgruppe‹ und hatte einen Ortsgruppenleiter, der für Ordnung und Linientreue in der Bevölkerung verantwortlich war.
Die einzelnen Jahrgänge einer Jungmädelgruppe waren zu je einer Schar zusammengefaßt. Eine Schar teilte sich wiederum in zwei bis drei Schaften, je nach Jahrgangsstärke.
Die fünfzehn zehnjährigen Kinder, die ich in meiner Schaft führen durfte, waren gerade drei Jahre jünger als ich. Aber in diesem Alter ist das ein ausreichender Abstand, um als Respektsperson angesehen zu werden.
Dienst hatte man Donnerstag und Samstag nachmittags, und er war für alle Pflicht. Wir hatten die Befugnis, ein Mädel, das dreimal unentschuldigt fernblieb, von der Polizei holen zu lassen. Doch diese Macht wurde in meinem Umkreis nie ausgeübt, denn wir hätten es als Schande empfunden, wenn jemand so hätte zum Dienst gezwungen werden müssen. Die Kinder, die uns anvertraut waren, sollten doch selbst wollen! Daß dies in meiner Schaft so wurde, dafür setzte ich mich von Anfang an ein, mit Herz und Phantasie, bei Tag und immer öfter auch bei Nacht.
Ich wollte führen, das hieß: Sie sollten antreten und marschieren, Lieder lernen, basteln, politisch geschult, sportlich trainiert, im Stegreifspiel geübt und für kriegswichtige Arbeiten engagiert werden. Dies war meine Aufgabe.
Aber diese Aufgabe hatte für mich auch noch eine andere Seite. Ich erkannte bald, daß mir hier Kinder anvertraut waren, die vorwiegend aus jenen muffigen, alten Häusern der Innenstadt stammten, in denen Mama als Fürsorgerin einst ein- und ausgegangen war, und die ich an ihrer Hand damals mitgerochen hatte.
Nur wenige andere Mädel waren dabei, Oberschülerinnen aus den guten Geschäftshäusern der Kaufstraßen. Denen verlangte ich von Anfang an mehr Einsatz und Pflicht ab. Die meisten

Kinder aber waren arm. Viele waren häuslich stark vernachlässigt. Nicht alle hatten Väter, die für die Familie sorgten. Die meisten von ihnen bewohnten mit der ganzen Familie nicht mehr als ein bis zwei Zimmer. So merkte ich rasch, daß es da mehr zu betreuen gab, als zu führen. Das versuchte ich jetzt mit dem ganzen Feuereifer meiner dreizehn Jahre.
Ich fing erst einmal an, nach und nach alle Eltern zu besuchen. In den meisten Häusern wurde ich freundlich, wenn auch etwas reserviert empfangen. Oft hatte ich das Gefühl, mehr als Tochter meiner Eltern denn als von oben bestellte Führerin betrachtet zu werden. Das paßte mir natürlich nicht, erleichterte mir aber manches.
Ich durchschritt also graue Höfe, stieg ausgetretene Hintertreppen hinauf, tastete mich durch finstere, nach Aborten stinkende Gänge und klopfte an Türen mit unleserlichen Schildern. Und wenn ich durch so eine Wohnungstür in eine Küche hineintrat, voll Kinderlärm und Dampf, mußte ich zunächst oft den Anlaß meines Kommens hintanstellen gegenüber einer Not, die so offen zutage trat.
Da hatte ein Mädel immer noch keine Uniform. Nun gewann ich den Eindruck, daß die Leute wirklich kein Geld dafür hatten. Im Reich des Führers verdienten offenbar viele Leute immer noch sehr wenig.
Ein Jungmädel fehlte oft im Dienst. Ich bekam zu hören, daß man ihre Hilfe dringend im Schrebergarten oder zum Hüten der kleinen Geschwister brauchte. Einige mußten mit ihren zehn Jahren schon einen Teil des Haushalts versehen, weil die Mutter putzen ging. Andere arbeiteten als Laufmädchen und mußten sich vom Verdienst ihre Kleider kaufen.
So sah das also aus. Ich schämte mich meiner eigenen Behütung und meines verwöhnten häuslichen Lebens. Ich strengte meine Phantasie nach allen Richtungen an, wie ich im Einzelfall Abhilfe schaffen könnte. Denn den Dienst durfte sich doch

keines dieser Mädel entgehen lassen. Hier lag in meinen Augen die einzige Chance für diese Kinder, zu edlen deutschen Volksgenossen herangebildet zu werden. Seltsamerweise erreichte ich fast überall, daß die Mädchen kamen. Doch werde ich wohl nie erfahren, wie viele nicht gerne gekommen sind; wie viele unter dieser Verpflichtung zum Dienst gelitten haben, unter dem Stumpfsinn des Einpaukens von Liedern, besonders aber unter der Langeweile, die sie befallen haben mag, wenn sie meine Predigten anhören mußten. Denn dies erschien mir bei der Gestaltung des Dienstes als meine vornehmste Aufgabe: feierliche Stunden zu bereiten, in denen ich über Treue, Opfermut, Volksgemeinschaft, über den Ernst der Pflichterfüllung sprach. Manchmal auch über das Leben des Führers. Alle Erziehung war auf Leitbilder ausgerichtet. Das hatten wir Führerinnen nur zu gut begriffen. Jeder Anflug von Individualismus galt als im Keim zersetzend.

Wir sitzen in dem kleinen Heim, das wir uns selbst eingerichtet haben, im Kreis. Gerade haben wir das Lied gesungen: ›In den Ostwind hebt die Fahnen . . .‹
Nun spreche ich.
»Kameradinnen!«
In der Mitte steht unsere eigene Fahne, ein Wimpel, den wir uns selbst genäht haben, weil die Gruppe für die Kleinsten noch keine Wimpel zur Verfügung stellte.
»Eng wohnen ist schlimm. Das wißt ihr selbst am besten. Viele von euren Vätern sind noch auf einem Bauernhof aufgewachsen. Aber weil einer ihrer Brüder den Hof erbte, konnten sie fortan kein Land mehr bebauen. Sie konnten auch keins kaufen, denn jüdische Händler hatten längst fast alles Land erworben und wucherten nun damit. Deutschland aber braucht Bauern. Und es braucht Lebensraum. Den hat der Führer nun für uns gewonnen. Der Osten ruft! Deutsche Bauernsöhne werden

sich fortan in Polen ansiedeln und dort das Feuer im neuen Herd anzünden. Reich wird die Ernte sein, und Brot wird wachsen für uns alle. Seit tausend Jahren brechen immer wieder deutsche Menschen auf nach Osten, in den Lebensraum, den zu besitzen wir Deutsche allein das Recht und die Fähigkeit haben. Wir sind endlich kein ›Volk ohne Raum‹ mehr. Dies danken wir dem Führer und unseren tapferen Soldaten, die dieses Land für uns erkämpft haben . . .«

Ich möchte die Herzen meiner Jungmädel so gerne für das edle deutsche Bauerntum erwärmen. Deshalb lese ich ihnen nach meiner Rede noch eine spannende Geschichte aus der deutschen Frühzeit vor. Hunnen und Slawen bedrohen darin eine blühende sächsische Familie. Aber die tapferen Söhne schlagen sie in die Flucht. Nachdem wir nochmals ein Ostlandlied gesungen haben, wollen wir noch zusammen spielen. Da höre ich, wie eine der andern zuflüstert: »Endlich!«

Ach, es ist schwierig, alle Jungmädel mit deutschem Sendungsbewußtsein zu beseelen!

Einfacher ist es, mit ihnen zu basteln. Ich bin froh, daß ich sie darin ein wenig anleiten kann. Am allerschönsten aber ist es, aus dem Stegreif mit ihnen ein Märchen aufzuführen. Wir glänzen bald darin und sind stolz, nach einem Jahr eine verschworene Gemeinschaft geworden zu sein. Ich denke Tag und Nacht nur noch an meine Schaft. Das steckt an und reißt mit. Und stets ist der Wimpel in der Mitte.

Der Krieg ging weiter, aber er war sehr fern. Auch die Luftangriffe über Norddeutschland waren fern.

Wir sorgten uns um Andreas und besonders um die gehbehinderte Hilde. Für sie mußte es schlimm sein, jede Nacht in den Keller hinabsteigen zu müssen. Mama lud sie ein, bei uns zu wohnen. Aber sie wollte nicht von Andreas und nicht von ihren Eltern fort. Andi schrieb, er habe für sie im Souterrain ein bequemes Bett aufgestellt, in dem sie jetzt immer schlief.

Eines Sonntags weckt mich Mama persönlich. Es ist ungewöhnlich, daß sie morgens selbst an mein Bett kommt. Sie ist sehr ernst, und sie sagt: »Du, wir haben Krieg mit Rußland.«
Träume ich? Das kann doch nicht wahr sein! Wir haben doch den Nichtangriffspakt!
Durch mein Dachfenster sehe ich das makellose, hellblaue Viereck eines strahlenden Sommerhimmels. Von der Marienkirche läuten die Sonntagsglocken.
Aber vor mir steht Mama. Sie blickt noch ernster als sonst und ein wenig ratlos.
Da begreife ich plötzlich, daß nun wirklich Krieg ist.
Wir sitzen am Radio. Entsetzen befällt uns, als wir hören, daß wir um ein Haar von einem Millionenheer ›roter Horden‹ hinterhältig überfallen worden wären. Aber der Führer in seiner weisen Voraussicht ist diesem grandiosen Vertragsbruch zuvorgekommen.
Wir hören: Von Finnland bis zum Schwarzen Meer bilden unsere Soldaten eine eiserne Kette, die kein Bolschewik durchbrechen kann. Wieder ist Papa voller Zuversicht. Man hat Polen rasch geschlagen. Frankreich ist besiegt. Man würde auch mit den unterentwickelten Russen fertig werden und sie von ihrem eigenen Terrorsystem befreien.
Man hatte früher grausame Dinge über das bolschewistische Rußland lesen können. Früher, das war vor dem Nichtangriffspakt gewesen. Es gäbe dort GPU-Keller, in denen die politischen Gefangenen gefoltert würden, und schreckliche Zwangsarbeitslager in Sibirien. Wenn ich so etwas gelesen hatte, fühlte ich mich immer besonders stolz, in einem solch herrlichen Land aufwachsen zu dürfen, wo es Recht, Ruhe, Ordnung und Brot gab und wo dies alles nie geschehen könnte. Nie wäre es mir in den Sinn gekommen, das Wort ›Gestapo‹*

** Gestapo = Geheime Staatspolizei*

zu hinterfragen. So gut, wie es eine Feuerpolizei und eine Baupolizei gab, hatte man eben auch eine Staatspolizei. Nie mehr hatte ich, seit Gretas vagen Andeutungen, etwas von Konzentrationslagern gehört. In Rußland aber kannte man kein Recht. Deshalb hatte Stalin nun den Vertrag gebrochen.
»Es ist höchste Zeit«, meint Papa, »daß wir dieses arme Volk von seinem Tyrannen befreien.«
In den nächsten Wochen jagte eine Sondermeldung die andere. Neue, zündende Fanfaren kündeten sie an, gefolgt von einem Wagnermotiv. Die Russen waren auf breiter Front auf der Flucht. Ganze Divisionen gerieten in deutsche Gefangenschaft. Die Wochenschau, die jedem Film, den man sich ansehen wollte, vorausging, war voll von Bildern von der Ostfront. Schon war das neue Lied geboren. Es endete mit dem Refrain:

Freiheit das Ziel – Sieg das Panier,
Führer, befiehl – wir folgen Dir!

Die Frontaufnahmen zeigten viele, viele russische Gefangene. In endlos langen Zügen zogen sie vorbei. Ausgehungerte, müde, struppige Gestalten, die, wie es hieß, aus den Steppen Innerasiens kämen. Dschingis Khan war aufgebrochen, unsere Heimat zu bedrohen.
Im Spätherbst veränderten sich die letzten Seiten der Zeitung. Die Gefallenenanzeigen, die bisher den übrigen Todesanzeigen die Waage gehalten hatten, füllten nun täglich ein bis zwei Seiten. Je weiter unsere Soldaten in Rußland vordrangen, desto mehr fanden dort den Tod.
Nun zeigte die Wochenschau lange Kolonnen von schweren Fahrzeugen, die im herbstlichen Schlamm steckten. Sie zeigten Männer, die ihre Beine nur mühsam aus dem grundlos gewordenen Boden der Straße wieder herausbekamen.

Aber bald würde der Winter kommen, und der hartgefrorene Boden würde den Vormarsch wieder erleichtern. Man stand kurz vor Moskau.
Dann kam der Winter.
Er brachte den Soldaten Schneemassen, die uns unvorstellbar waren und die den Vormarsch so unbarmherzig zum Stillstand brachten wie zuvor der Schlamm. Man hörte von Verwundeten, denen Arme und Beine erfroren waren. Man sammelte Woll- und Pelzkleidung und Skier für die Front.
Der Führer sprach.
Mit traurigem Pathos bekannte er offen, daß er sich in der Weite dieses Landes geirrt habe. Die Härte eines solchen Winters sei für uns Deutsche einfach unvorstellbar. Aber nun komme die erste große Prüfung für uns, das Volk, das nun beweisen könne, wie sehr es hinter seinen tapferen Soldaten stehe. Jetzt könne jeder etwas tun.
Jeder gab. Ob er dem Führer ergeben war oder nicht. Jeder wollte den frierenden Soldaten helfen.
Im Dienst strickten wir Berge von Pulswärmern. Der Krieg war zur eiskalten Wirklichkeit geworden.
Mitten drin in dieser kalten Hölle steckten Werner und sein Bruder Rainer. Irene erhielt nur spärliche Feldpostbriefe. Auch der Postverkehr war fast zum Erliegen gekommen. Die Eltern der beiden, die uns zuweilen besuchten, wirkten verstört und abgehärmt. Die Mutter hatte ein maskenhaftes, bleiches Gesicht bekommen, auf dem sich die Schminke hart abzeichnete. Der Vater sah aus, als wäre er in sich zusammengefallen. Alles an ihm war grau, nicht nur der schäbig gewordene Anzug. Werners Mutter und Mama trugen wieder ihre alten Wintermäntel. Die Pelzmäntel der Damen Keller und Cornelius rollten an die Front.
Auch Irene sah schlecht aus. Bald sollte ihr zweites Kind zur Welt kommen, von dem wir nicht wußten, ob es seinen Vater

je kennen würde. Werner hatte sich in seinem letzten Urlaub, ehe er an die Ostfront kam, noch so auf das Kind gefreut. Er wünschte sich so sehr, daß seine Frau ›dem Führer einen Sohn schenken‹ sollte. Aber nun hatte ich den Eindruck, als freute sich Reni gar nicht so sehr. Sie war mürrisch und launisch wie Papa. Ich konnte ihre Einsamkeit und ihre Sorgen nicht nachfühlen. Ich hatte nur wenig Zeit für sie und die kleine Irina. Ich hatte Dienst. Schon lange war ich Scharführerin. Andreas war nun auch Soldat. Er war zum Bodenpersonal der Luftwaffe gekommen, obwohl er eigentlich Sanitäter hatte werden wollen. Jetzt mußte er helfen, die Kanalküste gegen englische Luftangriffe zu verteidigen. Von ihm und auch von Hilde kamen regelmäßig Briefe. Die Briefe von Hilde wirkten bei allem Kriegs- und Trennungskummer froh und optimistisch. Noch nie, schrieb sie, seien ihre Beine so gut gewesen wie jetzt. Sie könne sogar bei Schnee draußen gehen, auch wenn sie noch einen Stock brauche.

Zu Weihnachten bekam Irene wieder ein kleines Mädchen.

Ich muß täglich nach ihr sehen und die Schneemassen vor ihrer Haustür wegkehren. Mein erster Blick aber gilt stets dem Briefkasten. Eines Morgens finde ich den Brief darin, der bewirkt, daß es Reni endlich wieder bessergeht. Sie hat Nachricht von Werner, und in ihren Augen ist es die schönste Nachricht, die sie bekommen kann: Werner liegt mit leichten Erfrierungen in einem Wiener Lazarett. Bald würde er Genesungsurlaub bekommen.

Reni drückt ihre kleine Marion an sich und weint vor Freude.

Dann faßt sie meine Hand, lächelt mich an und deutet auf das winzige schwarzhaarige Köpfchen.

»Findest du nicht auch, daß sie ein wenig dem Rainer ähnlich sieht?«

Ich werde rot, aber nun kann ich es selbst auch sehen.

»Möchtest du ihre Patin werden?«

Ich beuge mich über Reni und gebe ihr einen Kuß.
Das habe ich seit unseren Kindertagen, als wir noch in einem Zimmer schliefen, nicht mehr getan.

Mauerblümchens Blüte

Als mit dem Frühling wieder die Sondermeldungen kamen, die den weiteren Vormarsch unserer Truppen verkündeten, und wir in der Schule die Stecknadeln auf der Landkarte immer weiter nach Osten stecken konnten, da breitete sich um uns wieder der Alltag einer gewöhnlichen Mädchenklasse aus.
Doch irgend etwas war anders geworden.
Sie standen in Grüppchen zusammen und schienen etwas Wichtiges zu besprechen. Es waren dieselben Mädchen, zu deren Geburtstagen ich in den ersten Jahren meiner Oberschulzeit immer eingeladen worden war. Ich hatte mich dann allmählich von ihnen zurückgezogen, weil sie meine Begeisterung für den Dienst nicht teilten. Ich fand sie affig. Nun warteten mittags vor dem Schultor immer schon ein paar Pennäler auf sie.
Ich wurde nie aufgefordert, an ihren Gesprächen teilzunehmen. Stand ich aber einmal zufällig dabei, so verstand ich nicht, worum es ging.
Außerdem hatte ich in den Pausen meist Besseres zu tun.
Ich suchte meine Jungmädel in den unteren Klassen auf, gab ihnen ›Dienstbefehle‹, die ich während der Schulstunden schrieb, oder ich suchte nur einfach das Gespräch mit ihnen.
Im Mai traf ich mich fast täglich mit ein paar von meinen Mädeln, um mit ihnen Heilkräuter zu sammeln. Dies war die

Hauptaufgabe für die Jungmädel, um kontinuierlich etwas für die deutsche Versorgung zu tun.
Das Sammeln war langweilig und mühsam, aber wir sammelten unverdrossen und bei jedem Wetter, und ich ging mit gutem Beispiel voran. Wenn wir wenig Zeit hatten, pflückten wir den Breitwegerich am Rande meiner eigenen Wohnstraße, die damals noch nicht asphaltiert war.
Wir sind zu dritt und pflücken das staubige Grün.
Plötzlich ertönt hinter mir im Chor Gelächter, und dann höre ich meinen Namen rufen. Aus dunklen und hellen Kehlen schallt es laut über die Straße hin: »Neeeeele, heo Neeeeele!« Es wird von selbst eine Melodie daraus, und dann wieder ein Gelächter.
Ich spüre, wie ich rot werde. Mir fällt ein, daß ich sie schon vorhin gesehen habe, die Jungen und Mädchen, die da auf Hannelores Garagendach stehen und schwatzen. Ich habe sie nur nicht beachtet. Ich weiß, daß es dieselben Mädchen sind, die in der Schule nun immer die Köpfe zusammenstecken und es sehr wichtig haben, und daß es die Jungen sind, die mittags vor dem Schultor stehen.
Es ist mir unangenehm, sie alle im Rücken zu wissen und spotten zu hören. Aber ich zwinge mich, weiter zu sammeln. Ich muß den Mut aufbringen, vor den Augen dieser Blasierten auszuhalten und mich von ihnen für meinen Kriegseinsatz demütigen zu lassen. Sie lachen noch lange, bis ihnen das Sammeln sogar beim Zuschauen langweilig wird. Ich halte es länger aus als sie und pflücke weiter. Abends erzähle ich Mama, was das doch für blöde Gänse seien, die hätten bloß Buben im Kopf. Ich brauche dringend eine Bestätigung meiner Gefühle.
Aber Mama wird sehr ärgerlich und ereifert sich immer mehr. Sie schüttelt so heftig den Kopf, daß ihr die Brille bis auf die vordere Rundung ihrer Nase rutscht. Das passiert immer,

wenn sie zornig ist, und dann muß ich lachen und kann damit ihren Zorn verwandeln. Aber heute geht das nicht. Sie ist zu erregt.
»Du solltest nicht vor ihren Augen mit kleinen Kindern Heilkräuter sammeln und dich von ihnen verspotten lassen!«
Ich bin sprachlos. Hat nicht Mama stets selbst gesagt, daß man für eine gute Sache immer den nötigen Mut aufbringen müsse? Zu meinem maßlosen Erstaunen fragt sie nun auch noch: »Warum bist du denn da eigentlich nicht dabei?«
Nun muß ich doch lachen. Aber sie bleibt ernst.
»Warum schließt du dich so völlig aus? Alle netten Jungen, alle aus den guten Familien treffen sich doch mit diesen Mädchen.«
»Aber die interessieren mich doch gar nicht.«
»Warum eigentlich nicht? Warum benimmst du dich so ungeschickt? Das sind doch alles auch Hitlerjungen.«
Nun, das stimmte. Die meisten von ihnen sind Jungvolkführer, und ich finde sie eigentlich ganz nett. Ich bin jedoch viel zu empört über Mamas Verrat an meiner Haltung, als daß ich dies zugeben könnte. Die Wut treibt mir die Tränen hoch. Aber tief innen weiß ich, daß Mama ihren Finger auf eine wunde Stelle gelegt hat.
Nun bohrt sie nach.
»Wie ist das denn überhaupt jetzt in der Klasse? Wird da nicht eine Tanzstunde geplant? Reni ist in deinem Alter längst dazu aufgefordert worden.«
Da fällt mir etwas ein. Eines dieser Mädchen hat doch tatsächlich gefragt, ob ich Interesse hätte, an ihrer Tanzstunde mitzumachen. Es ist eine der ganz Affigen gewesen, die mich gefragt hat. Darum habe ich nur ungläubig gestaunt. Dann sind eine merkwürdige Lust und Neugier in mir aufgekommen, aber sofort auch meine Bedenken. Denn ich wußte, daß all diesen Mädchen der Dienst sehr unwichtig war. Gleichzeitig habe ich

schon empfunden, daß mein leises Zögern bei der Fragerin eine deutliche Erleichterung ausgelöst hat. Sie hat sich offenbar nur einer lästigen Pflicht entledigt mit ihrer Frage.
»Soll ich nun machen, daß du eingeladen wirst?« hat sie ungeduldig gefragt.
»Nein, lieber nicht«, konnte ich nur stammeln. Es hat sehr gepreßt geklungen, und dahinter stand die unausgesprochene Bitte, mich doch noch zu überreden. Aber für sie ist der Auftrag schon erledigt gewesen. Ich spürte, sie war zufrieden. Ich habe mich hinterher zugleich enttäuscht und erleichtert gefühlt.
Dieses Gespräch fördert Mama aus mir zutage. Als sie alles weiß, wird sie wieder sehr zornig.
»Ich hätte schon lange besser auf dich aufpassen müssen«, seufzt sie. »Ich habe zu lange zugesehen und dich dabei nur in deiner Sturheit bestärkt. Ich habe zu sehr deiner eigenen Einsicht vertraut. Aber du wirst nur immer verbohrter.«
Ich weine verzweifelt. Was ist bloß in Mama gefahren? Sie weiß doch genau, daß ich versprochen habe, mein Leben ganz allein den Aufgaben zu weihen, die der Führer von mir fordert. Auch sie ist doch gegen diese ganze arrogante Gesellschaft. Sie hat das so oft gesagt.
Warum nur reagiert sie auf einmal so zwiespältig und inkonsequent?
Ich verstehe die Welt nicht mehr, weil ich Mama nicht verstehen kann. Ich flüchte mich in mein Bett und weine ratlos.

Nachdem die Töchter aus den alten Familien sich zur Tanzstunde zusammengetan hatten, blieben noch drei andere aus meiner Klasse übrig: Sylvia Crusius, die kindlich und schüchtern wirkte; Corinna, die Generalstochter, die noch sehr jung und als Älteste von fünf Geschwistern sehr auf die eigene Familie konzentriert war; Alma, die sich immer so unmöglich und altbacken anzog.

Sylvias Mutter, die eine ehrgeizige Frau voll echtem Standesdünkel war, wollte die Schmach, die man ihrem Kinde angetan hatte, auf ihre Weise tilgen. Sie lud zu einer privaten Tanzstunde ein.

Ihre Wohnung auf dem Schloßberg war großräumig genug, und die Familie hatte auch genügend Verbindungen zu intellektuellen Kreisen. Fernab von des Führers Volksgemeinschaft gab es noch solche Leute. Sie lebten sehr zurückgezogen und fielen nicht auf. Auch ihre Söhne fielen nicht auf. Ich war keinem von ihnen je begegnet.

Es war eine exklusive Gesellschaft, zu der ich da geladen war. Söhne und Töchter von Künstlern, Offizieren, Pfarrern und Wissenschaftlern. Wäre mein denkwürdiges Gespräch mit Mama nicht kurz zuvor gewesen und nicht der Stachel, den es in mir hinterlassen hatte: ich hätte weder Zeit gehabt noch Lust verspürt, gerade in diesem Kreise mitzumachen. So aber sagte ich zu.

Die Atmosphäre in dem alten Herrschaftshaus faszinierte mich. Ich fühlte mich wohl hier und wie auf Urlaub von meinem bisherigen Leben.

Wir Mädchen waren allesamt noch recht kindlich und hatten keine besondere Neigung zum Flirt. Die Jungen aber empfand ich als ungeheuer fremd. Hier waren keine oder nur sehr unbedeutende Jungvolkführer dabei. Einer von ihnen schien nur für die Musik zu leben. Anstatt zu tanzen, spielte er meist Beethoven auf dem Flügel nebenan.

Wenn ich mit Peter, dem Klavierspieler, sprach und die Rede auf meine Arbeit im Dienst brachte, schaute er mich mit so abgrundtiefer Verachtung an, daß ich ganz verblüfft war. Aber ich hatte nicht viel Gelegenheit, mich mit ihm zu unterhalten, denn er ließ mich merken, daß ich ihn überhaupt nicht interessierte.

Es gehörte ohnedies zu meinem Wesen, leicht übrigzubleiben.

Ein früh erlebtes und oft durchlittenes Gefühl befiel mich wieder. Bei kindlichen Spielen auf dem Tennisplatz, bei Parteiwahlen, wenn zwei Anführerinnen ›Ochs-Esel‹ machten, war es schon so gewesen. Nun erlebte ich es hier wieder, wenn die Paare nicht aufgingen. Das geschah oft, weil Peter ja lieber Klavier spielte.
Es erstaunte mich eigentlich nicht einmal so sonderlich, daß es so war. Aber ich bemühte mich, mir die Demütigung nicht anmerken zu lassen. Ich spielte die Gelassene und Gleichgültige. Aber im Hintergrund meiner Augen, die ich manchmal im Garderobenspiegel betrachtete, hockte die ständige Angst, das nächste Mal wieder die Letzte oder die Übrige zu sein.
Mauerblümchen . . .
Im Herzen nagten die Worte meiner Schwester, jahrelang wiederholt: »Du kriegst nie einen Mann.«
Alma trug immer noch die scheußlichsten Kleider.
Corinna war dick und trampelig.
Sylvia schüchtern und unscheinbar.
Die anderen waren ohne besondere Merkmale.
Das Mauerblümchen aber war ich.
Dennoch ging ich gerne zu diesen Abenden im Hause Crusius. Es war lauer Frühsommer, und wir genossen den wildromantischen Garten. Die ganze Atmosphäre hatte etwas so durch und durch Privates an sich, daß ich mich wie auf einer Insel fühlte. Es war wohltuend und entspannend.
Da war auch noch Peters Freund. Er hieß Johannes Moser. Ich konnte ihn nicht besonders gut leiden. Er war schüchtern und linkisch, und er trug einen schäbigen, braunen Anzug mit einer scheußlichen blauschillernden Krawatte. Er begann sich für mich zu interessieren, holte mich hin und wieder zum Tanzen, begleitete mich heim. Das schmeichelte mir, dem gehemmten Mädchen.

Wir haben im Garten eine leichte Erdbeerbowle bekommen, denn es ist die letzte Tanzstunde gewesen. Nun begleitet Johannes mich heim. Es ist ein weiter Weg, und wir müssen ihn zu Fuß gehen.
Wir gehen eine Weile durch die verdunkelten Straßen. Es ist still in der Stadt. Es ist, als wären wir ganz allein.
Während ich stumm neben Johannes gehe, stelle ich mir vor, wie wundervoll es doch wäre, wenn jetzt Rainer neben mir ginge. Ich wünsche mir so sehr einen guten Freund!
Dann betrachte ich im Mondschein den Jungen, der da neben mir geht, von der Seite. Er scheint auch in Gedanken versunken zu sein. Sein dunkles Profil ist dem Himmel zugewandt, als suche er da oben etwas. Wie ich ihn so betrachte, finde ich ihn viel netter als bisher. Plötzlich wendet er mir voll sein Gesicht zu. Dann fängt er langsam an zu reden: »Ich habe gerade über die nachgedacht, Cornelie.«
Er nennt mich immer bei meinem vollen Namen. Das fand ich geschwollen. Jetzt gefällt es mir auf einmal.
»Nicht wahr«, fährt er fort, »du setzt deine Kraft und all deinen Idealismus für eine Sache ein, die dir mehr wert ist als alles andere.«
»Das muß ich doch tun. Das müssen doch alle tun. Dafür leben wir. Deutschland braucht besonders uns Junge.«
Es ist das erste Mal, daß ich mit einem Jungen über meine heiligsten Gefühle reden kann. Immer habe ich mir eine solche Freundschaft gewünscht. Ich spüre den Hauch von Glück, der mich anweht. Mein Herz pocht sehr laut. Aber gleich setzt es aus. Ich habe eben etwas aus Johannes' Mund vernommen, das mir die Luft nimmt. Er hat gesagt: »Kannst du dir vorstellen, Cornelie, daß es Leute gibt, junge Leute wie dich und mich, die genauso ihre ganze Kraft dafür einsetzen, um gegen den Nationalsozialismus zu arbeiten?«
Hat er das wirklich gesagt? Kann man so etwas Ungeheuerli-

ches überhaupt nur denken? Hab' ich richtig gehört? Da sagt er es noch einmal, und seine Stimme ist diesmal so beschwörend, daß ich nicht mehr hoffen kann, falsch zu hören.
»Wie meinst du das? So etwas kann es doch einfach nicht geben!«
»Ich weiß, du kannst dir das nicht vorstellen. Aber es gibt solche Leute.«
»Es gibt Bequeme und Gleichgültige. Und es gibt auch Oberflächliche, die nicht über den Tag hinausdenken, und Streber, die nur an ihren eigenen Vorteil denken. Leider gibt es viele davon. Wir müssen ohne sie unser großes Ziel erreichen.«
»Nein, die meine ich alle nicht«, sagt er. »Es gibt noch andere. Junge, ernsthafte, intelligente Menschen, solche wie dich. Aber die kämpfen gegen eure Sache.«
Meine Erschütterung ist so groß, daß ich nicht weitergehen kann. Ich habe das Gefühl, als zöge mir jemand den Grund unter den Füßen weg und ich sänke ins Bodenlose. Eine Flugzeugstaffel dröhnt über uns hinweg.
»Das ist Verrat – das ist Verrat!« flüstre ich. »Verrat an unseren Soldaten!«
Aber er spricht weiter, leise und eindringlich: »Hast du dir denn noch nie Gedanken darüber gemacht, daß das, was der Führer will, auch falsch sein könnte?«
Er fragt mich so ernst, daß Angst in mir aufsteigt.
»Nein, das kann ich mir nicht vorstellen!« Meine Stimme ist wieder da. Ich schreie es ihm ins Gesicht.
Da legt er mir sanft die Hand auf den Mund.
»Cornelie, denk nach. Du kannst das.«
»Aber das tu ich doch schon die ganze Zeit!« erwidre ich wütend.
Da fragt er, und über diese Frage habe ich tatsächlich schon öfter nachgedacht: »Fühlst du dich denn wohl unter all denen,

die in der Hitlerjugend was zu sagen haben? Mögen die dich überhaupt?«

Ich zögre einen Augenblick, denn ich denke an Greta. Ich denke an so manches, das mir nicht gefällt. Doch da sehe ich Friedels bannenden Blick. Sehe meine eigene Aufgabe. Sehe meine Jungmädelschar. Höre das Lied von der Treue. Da weiß ich es: Dieser Junge neben mir ist der Versucher.

Er will mich am Arm fassen. Ich stoße ihn zurück und renne davon.

Er soll meine Treue nicht wankend machen, und wenn ich mich ganz allein darin wüßte.

Aber ganz innen verhöhnt mich eine Stimme, die nur ich hören kann: »Wie hättest du das aufgenommen, wenn statt Johannes Rainer vor dir gestanden hätte?«

Ich will die Stimme nicht hören.

Ich muß ziemlich verwirrt gewesen sein, als ich danach ins Wohnzimmer trat und Mama dort allein fand. Jedenfalls fragte sie mich sofort, wer mich denn heimgebracht habe.

»Ach, der Johannes Moser«, werfe ich möglichst beiläufig hin.

Irgend etwas wehrt sich in mir, den Grund meines inneren Aufruhrs Mama mitzuteilen. Ich möchte erst noch darüber nachdenken.

Aber sie merkt, daß ich nicht so bin wie sonst, und sie deutet es natürlich anders.

»Der!« ruft sie ganz erschrocken. »Von dem solltest du dich nicht begleiten lassen. Der liegt uns nicht.«

Ich bin erstaunt, daß Mama Johannes überhaupt kennt.

»Ich kann ihn auch nicht besonders leiden«, gebe ich zu.

»Weißt du, der paßt nicht zu eurer übrigen Gesellschaft. Wie kam der überhaupt hinein?«

»Ich glaube, der Peter hat ihn mitgebracht, weil noch ein Junge fehlte.«

»Halte dich fern von ihm. Ich kenne seinen Vater. Der ist

Steuerberater, und der hat mich früher, als das Geschäft so schlecht ging, einmal sehr beleidigt. Ich möchte nicht, daß du mit seinem Sohn umgehst.«
Natürlich will ich wissen, was Herr Moser ihr denn getan hat.
»Oh, er war so von oben herab, als er festgestellt hat, wie schlecht es damals bei uns ums Geld stand. Und dann hat er es gewagt, mir vorzuschlagen, ich müsse eben Irene von der Schule nehmen und arbeiten lassen. Am besten in einem Schuhgeschäft, hat er gemeint. Er wollte ihr gleich eine offene Stelle vermitteln. Stell dir vor: meine Irene als Schuhverkäuferin!«
Ich stelle es mir vor und finde es eigentlich gar nicht so schrecklich. In einer Volksgemeinschaft müßte das möglich sein. Aber ich sage nichts, weil ich sehe, daß Mama immer erregter wird.
»Nein!« wiederholt sie kategorisch. »Nein, ich wünsche wirklich nicht, daß du mit dem Sohn dieses Mannes umgehst.«

Ich sprach mit niemandem über Johannes. Ich bemühte mich, ihn zu vergessen. Denn wenn ich an ihn dachte, bekam ich Angst. Was er aber zu mir gesagt hatte, das ging, fand ich, niemanden etwas an. Am allerwenigsten Greta. Die bohrte nämlich ständig an mir herum, um etwas über meine Tanzstundenjungen zu erfahren. Sie interessierte sich für alle Jungen. Aber ich wollte mit ihr nicht über jene verzauberten Abende sprechen. Sie war sowieso entsetzt, daß ich mit dieser Art von Leuten umging. Sie wollte bei einer HJ-Tanzstunde mitmachen.
Um diese Zeit wurde unsere Gruppenführerin zum Arbeitsdienst einberufen. Ich wurde ihre Nachfolgerin.
Ich selbst war am meisten darüber erstaunt, daß ich nun die Gruppe führen sollte und nicht Greta. Zwiespältige Gefühle beherrschten mich. Da war die Angst, mit meinen gerade

sechzehn Jahren dieser Aufgabe nicht gewachsen zu sein. Da war die Freude, nun freie Hand zu bekommen für meine eigenen Ideen in der Jugendführung. Da war aber auch ein wenig Triumphgefühl. So viele Jahre hatte mich Greta fest an ihrem Gängelband gehalten. Erst als ich an jener Tanzstunde teilnahm, die ihr nicht paßte, lernte ich ein wenig, mich gegen sie zu behaupten. Und nun sollte sie mir unterstellt sein!

Freudig übernahm ich die Führung der hundertzwanzig zehn- bis vierzehnjährigen Jungmädel. Ich merkte, wie besonders die Kleinen sich darüber freuten. Aber die Führerschaft hatte sich zusammengeschlossen. Neben Greta waren noch andere Gleichaltrige dabei. Sie dachten nicht daran, mich einfach hinzunehmen.

Da rief ich alle zusammen und sprach zu ihnen, ernst und ehrlich. Ich forderte sie auf, lieber gleich zu gehen, wenn sie es nicht ertrugen, mit mir zusammenzuarbeiten. Auch ich, versicherte ich ihnen mit Überzeugung, hätte mich jederzeit einer anderen untergeordnet. Denn die große Sache, der wir doch alle dienten, sei für mich immer wichtiger gewesen als persönliche Gefühle.

Greta ging. Sie bekam bald die Führung einer anderen Gruppe übertragen. Die Leine zwischen uns war endgültig zerrissen. Ich fühlte mich frei.

Mit einem anderen Mädchen, das auch zugleich in meine Klasse ging, hatte ich eine erregte Auseinandersetzung.

»Ich gehe«, sagte sie, »nicht, weil ich dir jetzt unterstellt bin, sondern weil ich es mit dir zusammen nicht aushalte.«

»Aber warum denn?« fragte ich erstaunt. »Was habe ich dir getan?«

»Du hast mir nichts getan. Aber« – sie zögerte ein wenig und suchte nach den passenden Worten – »es ist, weil du Idealist bist.«

Nun staunte ich noch mehr.
»Das sind wir doch alle.«
»Nein!« preßte sie heraus. »Nein. Ich und die meisten anderen, wir sind keine Idealisten. Deshalb höre ich jetzt auch ganz auf, Führerin zu sein. Ich tue lieber was für die Schule.«
Ich stand wie vor den Kopf geschlagen. Da sagte sie noch: »Wer zahlt dir denn später was dafür, daß du deine ganze Zeit und Kraft und Begabung dem Dienst geopfert hast? Auch du solltest besser was für die Schule tun.«
Da trieben mir Wut und Enttäuschung Tränen in die Augen. So standen die also zu ihrem Gelöbnis? Und so standen vermutlich auch andere dazu? So konnte sich der Führer auf seine Jugend verlassen?
Solche Leute konnte ich nicht brauchen. Ich würde mir neue, jüngere suchen. Idealisten!

An diesem Abend kann ich lange nicht einschlafen. Ich will ein wenig lesen. Aber das geht nicht. Ich habe, seit ich Gruppenführerin bin, keine innere Ruhe mehr dazu. Da greife ich nach der witzigen Tanzstundenzeitung, die immer noch auf meinem Nachttisch liegt, und blättere lustlos darin herum. Auch dies ist nun vorbei ...
Aus den ›Kleinanzeigen‹ springt mir ein Satz entgegen: »Welchem jungen Mann ist so wie mir die Jugenderziehung ein Ersatz für Liebe? C.K.«

Räder müssen rollen für den Sieg

Seit der gemeinsamen Tanzstunde hatte ich mich immer enger an Corinna angeschlossen. Sie hatte tiefes Interesse an geistiger und musischer Bildung und förderte dieses nun auch bei mir. Sie war aber auch eine ebenso begeisterte Jungmädelführerin wie ich. Auch sie führte eine Gruppe. Wir beschlossen, die Hitlerjugend zu reformieren. Wir lehnten beide die derbe Betulichkeit vieler Kameradinnen ab. Wir maßen unserer Aufgabe als Führerin einen gewissen geistigen Anspruch zu. Unser Vorbild war Friedel.

Wir vermieden es fortan, unsere Mädel marschieren zu lassen, weil das unserer Ansicht nach unschön und der Sache eher abträglich war. Wir konnten uns solch eigene Impulse leisten, weil wir wußten, daß man uns brauchte. Niemand hätte gern auf zwei so eifrige, ideenreiche Führerinnen verzichtet.

Wir versuchten sogar, mit unsern Mädeln Höflichkeitsformen einzuüben, oder wir dachten uns Geburtstagsgeschenke für ihre Angehörigen aus. Wir wollten sie dahin bringen, Wärme und Liebe in ihre oft etwas tristen Elternhäuser zu tragen. Wie sonst, fanden wir, könnte die Jugend eine bessere Zukunft schaffen?

Die Erwachsenen trugen schwer am Kriegsgeschehen. Mußten da nicht wir Jungen bedacht sein, ihnen möglichst viel Freude zu machen? Es war eine Art geistige Einkehr, die wir mit unsern Mädeln hielten. Wir wollten bei der Erneuerung der Volksgemeinschaft bei uns selbst beginnen.

Allerdings war unsere Mitmenschlichkeit blind gegen alles, was nicht von deutscher Art war. Besonders meine. Corinna machte, fand ich, mit ihrem polnischen Dienstmädchen Wanja zu viele Ausnahmen. Aber wenn ich mich darüber ausließ,

wurde sie böse. Sie meinte, sie wüßten schon selbst, wie sie ihre Polin zu behandeln hätten.
Auch Mama hatte jetzt viel mit Polinnen und Ukrainerinnen zu tun. Sie hatte bei der Frauenschaft eine neue Aufgabe übernommen: diese Zwangsarbeiterinnen aus dem Osten auf ihre ›Eindeutschungswürdigkeit‹ zu prüfen. Sie tat es menschlich und gewissenhaft, denn sie wußte, daß die Auserlesenen dann das Lager verlassen durften und für ihre Arbeit besseren Lohn bekommen würden. Als Reni, die Affige, die Oberflächliche, frei heraus die Anmaßung und das Unmenschliche dieses Ausleseprozesses anprangerte, sagte Mama: »Im Krieg muß jeder seine Pflicht tun.«
In den ›Anweisungen‹, die sie von höherer Stelle bekommen hatte, stand die Begründung dieser Pflicht:
». . . die ungeheuren Opfer an Menschenleben, die unserem Volk durch die feindlichen Terrorangriffe auf die deutschen Städte auferlegt werden, zwingen uns, das notwendige Bevölkerungspotential zu sichern. Da der großen Vermehrung der östlichen Arbeiterinnen nur schwer Einhalt zu gebieten ist, sollen diese, wenn möglich, dem deutschen Volkstum zugeführt werden. Bei der Prüfung auf Eindeutschungswürdigkeit ist vor allem auf Gesundheit, Haarfarbe und Fleiß zu achten. Jüdisch Versippte sind aus diesem Verfahren ausgeschlossen.«
Ich las den Text wie eine Gebrauchsanweisung und verstand nicht, was Reni daran auszusetzen hatte.
Mama sah nur, daß sie ihre spärliche Zeit und viele Nachtstunden opferte, um all die Formalitäten, die diese Aufgabe erforderte, zu erledigen.
Sie war nun auch fürs Geschäft allein verantwortlich. Papa war, trotz seines Alters, auf eine Flukostation in Nordfrankreich versetzt worden. Nicht weit von ihm war Andreas gewesen. Aber der war plötzlich auf einen Flugplatz in Afrika gekommen. Dort kämpften deutsche und italienische Truppen

gegen die Engländer. Ich genoß die Tage daheim ohne Papa, obwohl ich mir das nur mit schlechtem Gewissen eingestand. Es war so entspannend, beim Essen zu sitzen, ohne den Kloß zu spüren.
Im Sommer ging es wieder auf ein Lager. Ich hatte es erreicht, daß viele von meinen Mädeln mitfahren durften. Es war ein großes Lager, in dem sich viele Gruppen trafen. Eine Führerin aus der Gebietsführung leitete es. Alles war ausgezeichnet organisiert, eine Großküche sorgte für gutes Essen. Den Krieg und die Sorgen des Alltags konnte ich während dieser Woche ganz vergessen. In der lieblichen Hügelwelt des Vorallgäus gab es noch keine Fliegeralarme. Glücklich und braungebrannt, aber sehr müde, kam ich nach Hause.
Ich schleudere meinen Tornister in die Flurecke und stürme ins Wohnzimmer.
»Heil und Sieg, da bin ich wieder!«
Erst jetzt blicke ich mich im Zimmer um. Mama sitzt regungslos im Sessel. Neben ihr kauert Irene. Beide weinen. Auf dem Tisch liegt ein Brief.
Mich durchfährt ein Schreck. »Andreas!« denke ich. Und dann »Werner!« Und dann »Rainer!«
Ich wage es nicht, einen der Namen auszusprechen.
Da sagt Irene: »Hilde ist tot.«
Das Zimmer um mich beginnt zu tanzen. Mama und Reni sind plötzlich weit weg.
»Nein!« schreie ich. »Nein!«
Ich habe meinen Kopf tief in Mamas Schoß vergraben und versinke in Weinen.
Mama streichelt sachte mein Haar. Nach einer Weile sagt sie: »Sie hat ein Kind erwartet. Sie wollte uns damit überraschen. Nun wollte das Kindchen nicht von selbst kommen. Da hat man sie operiert. Als alles überstanden war, hat sie eine Embolie bekommen.«

Ich weiß nicht, was das ist. Aber das ist einerlei. Ich weiß nur, daß sie nicht mehr da ist.
»Das Kind lebt. Es ist ein Sohn«, sagt Mama. Dann schluchzt sie wieder.

Als wir zum Bahnhof gingen in unsern dunklen Kleidern, nahm ich plötzlich wahr, daß viele Leute um uns auch schwarz angezogen waren. Ich sah zum ersten Mal bewußt, wie sehr die Trauer umging. Der Bahnhof war voller Menschen, der Zug überfüllt. Mir schien es, als wäre die ganze Welt unterwegs. Über den Bahnsteigen hing ein großes Spruchband. Man konnte es weithin lesen:
Räder müssen rollen für den Sieg.
Wir mußten fast die ganze Fahrt über stehen. Ein Soldat überließ Mama für eine Weile seinen Sitzplatz. Die Müdigkeit war so groß, daß ich außer den immer gleichen Spruchbändern nichts mehr wahrnehmen konnte. Der Text hämmerte sich in gleichmäßigem Rattern in die betäubten Sinne.
»Räder müssen rollen für den Sieg.«

Hildes Beerdigung ist vorbei.
Wir sitzen im Wohnzimmer von Vater und Mutter Borg. Es ist fast derselbe Kreis wie einst bei der Hochzeit. Nur Papa und Werner fehlen. Und Hilde.
Andreas geht hinaus. Als er wiederkommt, ist eine Stimme da. Sie gehört zu dem winzigen weißen Bündel in seinen Armen.
Da sagt Mutter Borg: »Sie wollte immer, daß ihr Sohn Andreas heißt.«
Sie nimmt Andi das Kind ab und läßt ihren Kopf darüber sinken. Wir sehen nur noch ihr dunkles Haar. Vater Borg faßt nach Mamas Hand.
»Nicht weinen«, flüstert er. »Hilde war sehr glücklich.«
Dann verändert sich auf einmal sein Gesicht. Es gleicht nun

wieder einer steinernen Figur im Dom. Es ist ein sehr altes Gesicht. Die Lippen fest zusammengepreßt. Dann flüstern diese Lippen, ohne sich viel zu bewegen: »Ich hab's gewußt, daß es so kommen würde, seit sie das Kind erwartete. Aber sie hat geglaubt, sie sei nichts wert ohne Kind.«
Ich kann nur noch diesen Mund sehen, dessen Winkel ganz nach innen gezogen sind. Sie verschwinden im grauen Bart.

Andi begleitet uns zur Bahn. Es ist Abend. Er hat den Arm um Mama gelegt und geht stumm neben ihr.
»Übermorgen muß ich fort von meinem Jungen«, sagt er dann. »Zurück nach Afrika.« Nach einer Weile fügt er hinzu: »Wenn es da meinen Flugplatz noch gibt.«
Mutter Borg hat meine Bitte, ihr die Ferien über das Kind warten helfen zu dürfen, abgelehnt.
»Laßt Vater und mich allein, Nela. Dann wird es leichter sein für uns«, hat sie gesagt. Dabei sah ich sie zum ersten Mal weinen.
Am Bahnsteig flattert das weiße Spruchband über uns im Wind. Wir warten auf den Zug. Andi ist sehr schweigsam. Ein paar Schritte vor uns stehen Soldaten beisammen. Plötzlich beginnen sie grölend zu lachen. Einer von ihnen hat gesagt: »Räder müssen rollen für den Sieg – Kinderwägen müssen rollen für den nächsten Krieg.«

Der Krieg steckt im Osten wieder im Schlamm, tief drin in Rußland. Die sechste Armee war vorgedrungen bis Stalingrad und kämpfte erbittert um die Stadt. Haus um Haus mußte erobert werden. Darüber wurde es Winter. Der Krieg tobte in Afrika und überall auf den Meeren. Der Luftkrieg verschärfte sich. Auch unsere Stadt in Süddeutschland wurde hin und wieder bombardiert.
Eines Tages kam ein Brief von Mutter Borg. Sie schrieb, daß

ihr Mann sehr krank geworden sei. Das alte Lungenleiden war wieder aufgebrochen, und sein Herz wurde immer schwächer. »Es ist gebrochen beim Tod der Tochter«, sagte Mama traurig. Mutter Borg erwähnte auch, daß sie alle fast nicht mehr aus dem Luftschutzkeller kämen. Ihre Stadt sei schlimm zerstört, aber der schöne alte Dom sei stehengeblieben. Ihr Häuschen auch.

Ich nahm all diese Nachrichten auf und begriff sie trotzdem nicht. Ich hatte nur Ohren für den Ruf nach Einsatz und Leistung. Einsatz, das war: Feldpostpäckchen packen. Die Mädchen mußten zum Dienst Weihnachtsgebäck dafür mitbringen. Ich packte Hunderte von Päckchen und schickte sie an vermittelte Adressen oder einfach ›an einen unbekannten deutschen Soldaten‹.

Einsatz hieß für uns jetzt, den gesamten Spielzeugbedarf der kleinen Kinder zu decken. Sie sollten auch in der vierten Kriegsweihnacht ihre Geschenke bekommen, auch wenn die Industrie längst Wichtigeres zu produzieren hatte.

Wir verlegten uns auf einfache Dinge, schmirgelten Bauklötze und bemalten Holzfiguren, pausten Bilderbücher ab und machten Puppen. Meine Bastelkurse kamen mir zugute. Ich ersann immer wieder neue Möglichkeiten, wie auch ungeschickte Kinder etwas Brauchbares herstellen konnten.

Die Schule durfte unsern Eifer nicht stören. Wenn eins meiner Mädchen gar zu schlechte Noten bekam, gab ich ihr Nachhilfestunden. Aber die Schule kochte sowieso auf Sparflamme. Nach jedem Fliegeralarm fing sie erst um halb zehn Uhr an.

Doch der Kriegseinsatz allein war noch nicht genug. Die Reichsjugendführung stellte uns noch eine andere Aufgabe. Sie hieß: ›Leistungswettkampf‹.

Innerhalb der Hitlerjugend sollte eine Art geistige Erneuerung stattfinden, die verhindern sollte, daß Trägheit und Verdrossenheit aufkämen. Das Programm war sehr kulturbe-

tont, und so sah ich darin einen großen, menschenbildenden Auftrag.
Für diesen Wettbewerb mußten wir dichten, Theater spielen, singen, sogar selbst Lieder komponieren. Man mußte natürlich im Sport Bestes leisten, alle Leute mit ins Sommerlager bekommen und möglichst immer volle Dienstanwesenheitslisten vorweisen können.
Es gelang mir, meine Mädel mit wahrem Gruppenehrgeiz zu beseelen. Wir waren schon einmal, als ich noch Scharführerin war, mit dem ersten Preis ausgezeichnet worden. Gerade bei diesem vielgestaltigen Programm wollte ich nun dies Ziel wieder erreichen.
Ich durfte nun nicht länger glauben, unmusikalisch zu sein. Ich versuchte mich selbst im Dichten und Komponieren neuer Lieder und schrieb alles, zusammen mit ein paar Produkten anderer, in kunstvoll ausgestaltete Büchlein ein.

Wenn die Fahne leuchtend stehet
Über uns in heilgem Schein,
Deutsche Jugend freudig gehet
In den großen Kampf hinein.

Wenn die Fahne uns enthüllet
Unsern Weg durch Nacht zum Licht,
Deutsche Jugend treu erfüllet
Für Volk und Führer ihre Pflicht.

Dann mag kommen, was da wolle,
Sei die Zeit auch schwer und hart:
Führer, stets wolln Dir wir folgen,
Weis Du uns des Sieges Fahrt!

Und die Fahne mahnend wehet
Über uns in heilgem Schein.
Deutsche Jugend freudig gehet
In eine große Zeit hinein!

Dieses Lied entstand nach dem Untergang der sechsten Armee. Dort ging deutsche Jugend nicht in eine große Zeit hinein, sondern in russische Gefangenschaft.

Aber da war niemand, der mich auf das unechte Heldenpathos des Liedes hingewiesen hätte.

Niemand aus meiner Familie war in der Hölle von Stalingrad. Werner war noch gerade rechtzeitig aufs neue verwundet worden. Rainer hatte eine Verletzung überstanden und war daheim im Genesungsurlaub. Er weigerte sich, von der Front zu sprechen. Ich hatte ihn nicht erkannt, als er plötzlich vor unsrer Tür stand. Aus dem feingliedrigen, etwas weichen Jungen war ein abweisender, verhärteter Fremder geworden.

Die andern ringsum, die waren vielfältig betroffen. Graue, versteinerte Frauengesichter. Weinende Mütter. Augen voll Ungewißheit. Doch mir gegenüber blieben sie abweisend. Man suchte sich andere Gesprächspartner als gerade mich.

Ich war damals gerade bemüht, mir den saloppen Gruß, den wir füreinander hatten, abzugewöhnen. Schon lange hatte niemand mehr »Grüß Gott« gesagt. Man begrüßte sich einfach mit »Heil«. Nun hatten wir vom neuen Kreisleiter* gehört, daß diese Grußverstümmelung dem Ernst der Zeit nicht angemessen sei. Fortan begrüßte ich alle Leute mit »Heil Hitler«. Das bewirkte, daß ich nichts und von niemandem etwas erfuhr.

Nur Reni versuchte manchmal, mich wachzurütteln. Sie schalt mich überspannt und verbohrt und bezeichnete meinen Einsatz im Leistungswettbewerb, den wir schließlich doch nicht gewannen, als Affentheater.

** Kreisleiter = oberster Parteiführer im Landkreis*

Aber sie erreichte mich am wenigsten. Zu fremd war ihre Auffassung vom Leben der meinen. Und sie hatte auch Besseres zu tun, als sich um die verrückte kleine Schwester zu kümmern. Sie hatte den nun fast einjährigen Andreas zu ihren Kindern genommen. Mutter Borg war voll beansprucht von der Pflege ihres todkranken Mannes. Mama war zu ihnen gefahren und hatte das Kind mitgebracht. Als ich ihr Gesicht sah, hatte ich das Gefühl, es wäre gestorben.

Bald darauf floh Irene mit den drei Kindern zu Tante Grete. In dem abseits in den Bergen gelegenen Dorf waren sie sicher vor Bombenangriffen, konnten bei Nacht schlafen und bekamen gute, fette Milch. Wir hatten in der Stadt nur noch Magermilch, die nicht weiß, sondern bläulich aussah.

Ich lief herum, blaß und übernächtigt, mit schwarzen Ringen um die Augen. Manchmal war ich so müde, daß mich in der Schulbank Tiefschlaf überfiel. Meine Lehrerinnen sahen es mehr kopfschüttelnd als verärgert.

Aber ich konnte mir nicht helfen. Nicht einmal bei meinen Vorbereitungen für den Dienst konnte ich mich konzentrieren. Ich improvisierte nur noch. Die Tage rollten ab wie ein Räderwerk, und ich wurde davon getrieben, ohne daß ich noch hätte anhalten können.

Osteinsatz

Die Klassenkameradinnen freuten sich auf die großen Ferien. Corinna und ich freuten uns auch. Wir freuten uns, weil wir zur Arbeit auserwählt waren. Im Sommer 1943 rüsteten wir uns zum Osteinsatz.

Die Deutschen im Wartheland und Westpreußen, Volksdeut-

sche von dort und Umsiedler aus Bessarabien* und Wolhynien*, brauchten unsere Hilfe. Des waren wir gewiß. Sie brauchten auch geistige Nahrung. Wir sollten ihnen das so lange entbehrte Deutschtum bringen und sie in dem ihren stärken.
In Posen wurden wir, zusammen mit Mädeln aus dem ganzen Reichsgebiet, vier Tage lang für unsere vielseitigen Aufgaben, die uns erwarteten, geschult.
Wir erfuhren, wie man sich als deutsches Mädel in diesen deutschpolnischen Grenzländern verhalten müsse.
»Der Glaube der Umsiedler an unsere Vollkommenheit ist so groß«, sagte eine hohe BDM-Führerin, »daß ihr ihn durch nichts, wirklich durch nichts erschüttern dürft.« Sie nannte uns viele Beispiele, welche Verehrung der Führer bei ihnen genieße. Er rage weit übers Menschliche hinaus. Sie würden in ihm ihren Erlöser aus Armut und Fremdherrschaft sehen. Wir seien die direkten Abgesandten. Deshalb müßten wir alles, aber auch alles tun, was von uns verlangt würde. Die Polen seien ein verabscheuungswürdiges Volk. Echte Untermenschen. Wir müßten lernen, ihnen gegenüber als Vertreter eines Herrenvolkes aufzutreten. Jede Schüchternheit oder gar Höflichkeit ihnen gegenüber sei Verrat an den Volksdeutschen, die so viel Leid und Schmach um ihres Deutschtums willen hätten erdulden müssen.
Die zarte, hübsche Person, die so sprach, sprühte vor Fanatismus. Das schmale Gesicht mit den riesigen Augen, die uns bei solchen Reden leuchtend beschworen, entzündete auch in den Nüchternen aus unsren Reihen das Feuer der Begeisterung für unsere edle Mission.

---

* *Bessarabien = Landschaft am Schwarzen Meer, im 19. Jh. von schwäbischen Kolonisten besiedelt*

* *Wolhynien = Landschaft in der nordwestlichen Ukraine, im 19. Jh. teilweise von Deutschen besiedelt*

Wie sie so redet, kommt mir ein kleines Gespräch wieder in den Sinn. Nach dem Sieg über Polen sollte Werners Vater als höherer Beamter nach Polen kommen. Er war mit seiner Frau hingefahren, um sich die Verhältnisse anzusehen. Dann schlug er die Stelle aus. Ich fragte Werners Mutter, ob sie da denn auch eine Wohnung gefunden hätten. »Das ist dort kein Problem«, sagte sie. »Man kann sich alle Wohnungen reicher Polen ansehen und kann die haben, die man möchte. Man muß dann nur sagen: Geht raus, ihr Schweine!«
Ich weiß noch, welch kaltes Gefühl von Allmacht sich meiner damals bemächtigt hat. Ich war dreizehn. Aber dieses Gefühl machte mich frösteln.

Wir waren eine kleine Gruppe von fünf Mädeln, die in ein weltabgelegenes, ehemals polnisches Dorf kam. Bei der Heimholung des Warthelandes war man großzügig mit der Grenzziehung verfahren. Ringsum karge Äcker. Wege und Straßen, in deren Sand man fast steckenblieb. Halbverfallene Hütten mit Strohdächern. Die Bewohner waren daraus verjagt worden. Umgesiedelt nach Polen hieß das. Auch bei uns.
Auf den größeren Höfen wohnten jetzt die Umsiedler aus Bessarabien und Wolhynien. Es gab hier nur eine einzige volksdeutsche Familie, die schon immer hier gewohnt hatte. Zu dieser kam ich.
Wir versuchten zu arbeiten, so gut wir's konnten. Außer ein paar Alten und dem Ortsbauernführer* waren keine deutschen Männer im Dorf. Doch die Frauen machten mit ihren polnischen Knechten die Feldarbeit lieber selbst und ließen uns Mädchen Haus und Kinder betreuen.
Wir waren alle entsetzt über den unsäglichen Schmutz, den wir

---

** Ortsbauernführer = Bevollmächtigter der NS-Partei für die Bauern einer Dorfgemeinde*

überall vorfanden. Man hatte uns gesagt, nur die Polen wären so dreckig. Aber wir waren von Herzen gern bereit, für unsere Familien jeweils die passende Entschuldigung zu finden. Es war gut, daß nun wir kamen, um Haus, Hof und Kinder in Ordnung zu bringen.

Meine Bäuerin lag krank im Bett. Ihr Mann war beim Einmarsch der Deutschen von den Polen erschossen worden. Eine alte Oma humpelte mühsam herum, und zwei kleine Mädchen buddelten im Sand, der den Hof knöcheltief bedeckte.

Gleich am ersten Tag mußte ich eine Ente töten, rupfen und schlachten. Die Oma fing sie und wies mich an, was ich zu tun hatte. Mir wurde schlecht.

»Ein deutsches Mädel muß hier alles können!« klang es mir unentwegt im Ohr. Ich biß die Zähne zusammen und brachte es fertig.

Abends im Schulhaus, wo wir fünf auf Stroh schliefen, berichteten wir einander über unser Tagwerk. Was die andern erzählten, war nicht gerade ermutigend. Unter den Umsiedlern herrschten Unwissenheit und Aberglauben und mittelalterliche Vorstellungen von Hygiene. Oft mußten wir Corinna, die von uns am besten Bescheid wußte in Hausarbeit und Kinderpflege, um Rat fragen. Unsere Bäuerinnen sollten ja glauben, wir könnten alles. Wir gestanden einander ungern ein, daß diese sich gar nicht so sehr um uns kümmerten, sondern lieber mit den polnischen Knechten herumschäkerten.

Ich war froh, daß meine Bäuerin sich ihres Deutschtums besser bewußt war. Sie freute sich wirklich, daß ihr Haus allmählich ordentlicher aussah und sie ein frisches Bett bekam. Ich mußte viele Arbeiten zum ersten Mal im Leben tun. Aber seit ich die erste Ente geschlachtet hatte, konnte ich vieles wie von selbst.

Ich habe gerade die Bäuerin frisch gebettet und mache nun das Zimmer sauber. Da kommt der Ortsbauernführer zu Besuch. Er will nachsehen, ob die Leute auch eine gute Hilfe hätten an mir. Ich will mich in die Küche zurückziehen und einen meiner verzweifelten Kochversuche beginnen. Aber ich komme nicht dazu. Der Mann ist nahe zu mir herangetreten. Immer näher rückt er. Hinter mir ist das Bett. Ich kann nicht ausweichen. Plötzlich packt er mich und wirft mich auf das leere Bett neben der Frau. Er hält meine Arme fest und beginnt mich abzuküssen. Gierig und glasig hängt sein Blick über mir. Ich bin wie gelähmt, und mir wird übel von seinem Atem. Die Frau neben mir aber liegt da und lacht.

Da überkommt mich eine wahnsinnige Kraft. Ich stoße ihm mein Knie mit solcher Wucht in den Leib, daß er von mir abläßt. Ich fliehe in die Küche und rücke die Holzkiste vor die Tür. Dann höre ich, wie die Frau den Mann nun doch mit barschen Worten hinauswirft. Nach einer Weile ruft sie mich zu sich.

Ich zittre und weine und bin von Ekel geschüttelt.

Die Frau versucht täppisch, mich zu beruhigen und zu trösten. Dann fleht sie mich an, doch bitte niemandem etwas davon zu erzählen. Auch meiner Freundin nicht.

»Sei froh, daß er dir nichts getan hat«, sagt sie. »Wir können nämlich nichts tun gegen den Kerl. Aber er kann uns viel tun. Er kann mir alle Knechte wegnehmen. Dann bin ich hilflos.«

»Ein deutsches Mädel kann alles!« höhnt es in mir. Es kann auch einen Schock hinunterschlucken und schweigen. Was hätte ich auch sagen, an wen mich wenden können? Und wie hätte ich drüber reden sollen? Scham hat mich ergriffen, die mich stumm macht. Ich schäme mich meiner deutschen Landsleute.

Aber sicher ist dieser Mann hier nur eine negative Ausnahme. Ich möchte auch später darüber schweigen und nichts Schlechtes verbreiten. Dies würde nicht in meinen begeisterten Ostlandbericht hineinpassen, und es könnte andre Mädel, die hier so dringend gebraucht werden, abschrecken. Ich werde schweigen.

Gegen Ende meiner Tage dort bat mich die Frau, ich solle vors Dorf hinauslaufen auf die Kuhweide und den polnischen Hütejungen prügeln, weil er immer die Kühe davonlaufen lasse. Die Nachbarin habe es ihr berichtet.
»Das – das kann ich nicht!«
»Du mußt das aber tun, sonst hauen meine Kühe ganz ab«, gebot die Frau. Sie fuhr fort: »Bei Pollaken darf man nicht zimperlich sein. Man muß sie schlagen, sonst gehorchen sie nicht.«
»Ich kann das aber wirklich nicht!«
»Hör zu, Mädchen: Ein Pollak ist soviel wie ein Schwein. Nein, er ist weniger wert. Ein Schwein kann ich wenigstens schlachten und aufessen. Mit einem Pollaken muß ich mich nur herumärgern.«
»Ein deutsches Mädel kann alles. Muß alles können!« dröhnte es in mir, und mir wurde heiß und kalt. Dann fiel mir ein, daß die Polen ja den Bauern hier erschossen hatten.
Ich gehe langsam hinaus auf die Weide. Die Frau hat mir einen Stock mitgegeben. Ich zittre, und meine Beine funktionieren nicht recht. Meine Angst wird mir zum Verhängnis.
Ich schäme mich nämlich, daß ich mich vor einem Polenjungen fürchte. Bin ich deshalb hier?
Weit draußen sehe ich ihn stehen. Ich gehe mutig auf ihn zu. Er ist ein magerer, zerlumpter Junge, etwa von meiner Größe. Er schaut erstaunt, als ich ihm sage, er solle besser auf seine Kühe aufpassen. Vielleicht hat er mich auch wirklich nicht verstanden. Er grinst und zuckt mit den Schultern. Da nehme ich all meinen Mut zusammen und streife ihm mit dem Stock das Bein. Es ist nur ein symbolischer Schlag.
Aber ich habe geschlagen.

Und ich habe gesehen, wie sein Blick wild aufloderte, wild vor Wut und Haß. Er hebt die Hand gegen mich. Ich stehe starr und still. Da läßt er sie wieder sinken und läuft davon.
Sein haßerfüllter Blick verfolgte mich durch Tage und Nächte. So habe ich an mir selbst erfahren, wie ganz gewöhnliche Menschen zu Schweigern und Schlägern werden können. Warum nicht auch zu Mördern?

Hagen

In der Schule lasen wir Maria Stuart. Das Fach Deutsch war mein Lieblingsfach. Ich schrieb auch gerne Aufsätze. Nun sollten wir über die beiden Königinnen, Elisabeth und Maria, schreiben. Ich schrieb ein flammendes Plädoyer für Elisabeth, das Staatsoberhaupt, die ›um der Sache willen‹ eben auch Unrecht tun mußte, und ein scharfes Urteil über Mortimer, der um seiner persönlichen Liebe willen den Staat verriet.
Darin zeigte sich eine Grundhaltung meines Lebens. Die ganze Welt bestand für mich aus strenger Hierarchie. Bereitschaft zur Unterordnung galt mir als wichtigstes Element, nicht nur zwischen den Völkern und im eigenen Volk, sondern auch in der Familie. Ich wußte, daß diese Bereitschaft viel Selbstverleugnung verlangte, und ich hatte mich darin von Kind an geübt, wann immer Papas Herrschaft Furcht und Zittern verbreitet hatte. Ich verbot mir jede Kritik an ihm, denn er war das Oberhaupt. Reni hielt sich nicht an diese Gesellschaftsordnung. Sie ließ ihrer Empörung freien Lauf, wenn er es nicht hörte. ›Der Haustyrann‹ nannte sie ihn. Solche Kritik vertrug ich nicht. Sie hätte mein Weltbild unterhöhlt.
Aber seit er aus Frankreich zurückgekehrt und wegen seines

Alters aus der Wehrmacht entlassen worden war, machte Papa es mir immer schwerer, seinen Platz im Ordnungsgefüge zu respektieren. Denn die Arbeit im Geschäft, so wie Mama es führte, gefiel ihm nicht mehr. Trauringe zu verkaufen aus deutschem Edelstahl, oder Rähmchen aus Blech mit der Umschrift: ›Gefallen für Großdeutschland‹, das war unter seiner Würde.

Er verlegte sich fast ganz aufs Malen und Modellieren. Dafür bot der Krieg traurige Möglichkeiten. Immer mehr verstörte Eltern kamen zu ihm, brachten ihm Fotografien ihrer gefallenen Söhne und baten ihn, nach diesen ihre Kinder wieder Gestalt werden zu lassen. Er schuf viele Büsten und brachte zuweilen Erstaunliches zustande.

Bald war eins der Schaufenster ganz mit seinen künstlerischen Werken ausgestattet. In der Mitte aber thronte die Büste des Führers. Immer noch trug der Sockel die Inschrift, ein Führerzitat, aus dem Jahr 1938: ›Ich aber glaube an einen langen Frieden.‹

Wurde er, mitten im Krieg, gefragt, warum er denn diese Inschrift nicht ändere, so meinte er, damit sei eben der lange Friede gemeint, der diesem Krieg folgen würde . . . Das war kurz nach Stalingrad. Sein Optimismus blieb.

Aber das kleine Bildhauerleben mit dem Geschäft am Bein befriedigte ihn doch nicht recht. Oder spürte er auch die Isolation, in die er geraten war?

Die Querelen im Haus wurden für uns immer unerträglicher, je schwieriger es wurde, seine Annehmlichkeiten zu erhalten. Die Zentralheizung war kühl, das Essen mußte eingeteilt werden, es gab Ersatzprodukte für Reis und Butter. Alles kein Grund, um zu hungern. Aber Grund genug für ihn, sich zu beschweren.

Es gab vor allem eine sechzehnjährige Tochter, die täglich zu spät zum Mittagessen kam und sonst fast nicht mehr daheim

gesehen wurde. Mama mußte die Hauptlast seiner Launen ertragen, und da das Dienstmädchen mittlerweile mit am Tisch aß, schwieg sie. Sie erlitt immer häufiger ihre schweren Herzanfälle.
Da erkannte ich, daß ich Mama schützen mußte.
Ich fing an, in mir Mut zu sammeln. Das war nötig, denn die Angst vor Papa war fast so alt wie ich. Immer zitterte und stotterte ich in seiner Nähe. Erst meine Erfahrungen als Führerin hatten mein Selbstvertrauen ein wenig gestärkt.
Als Papa eines Tages wieder wegen einer sauren Marmelade seine Wut über Mama ergossen hatte und diese dazu schwieg, weil die Schneiderin dabeisaß, folgte ich ihm nach dem Essen auf sein Zimmer.

Er liegt auf dem Bett und ich stehe vor ihm, bebend vor Angst, aber glühend vor Zorn.
»Ich schäme mich, wie du Mama behandelst! Siehst du denn nicht, daß sie fast stirbt? Ich schäme mich vor den Fremden. Warum behandelst du uns alle so? Auch mich? Ich . . . ich . . .«
Ich kann nichts mehr sagen, weil ich zu sehr erregt bin. Ich habe ihm noch vorhalten wollen, warum er oft so böse werde auf mich, wenn ich mich voll für den Dienst einsetzte. Ich müsse doch meine Pflicht tun. Aber ich kann nichts mehr sagen, weil ich die Tränen zurückhalten muß.
Nun würde es gleich hereinbrechen über mich. Aber es ist mir gleich. Doch es geschieht nichts.
Er schweigt und starrt mich an. Seine Augen werden grau und kalt und bekommen den gefährlichen Schimmer, den ich so gut kenne. Aber er schweigt.
Sein Schweigen treibt mich hinaus, hinauf in mein Zimmer, wo ich fassungslos in mein Bett hineinweine.
Abends ruft er mich zu sich. Ich gehe, als ginge ich zum Schafott. Er sitzt mir gegenüber, ruhig und souverän.

»Ich möchte dich darauf aufmerksam machen, daß es nicht deine Sache ist, dich um die Angelegenheiten deiner Eltern zu kümmern. Geh jetzt.«
Ich gehe. Und ich fühle mich schuldig, obwohl ich nicht genau weiß, weshalb.
Weil ich nicht genügend für Mama gekämpft habe, als ich wortlos ging?
Oder ist es, weil ich mich aufgelehnt habe?
Ich fühle mich geschlagen, schlimmer, als wenn er mich geschlagen hätte.

Eines Tages verreiste er nach München. Ich war einfach froh darüber, und Mama sagte nichts. Der Auftritt mit ihm machte mir aber noch lange zu schaffen. Ich hatte mich aufgelehnt!
Plötzlich ging ein Gerücht durch die Stadt. Es schreckte alle auf. Es war nicht zu glauben. Da hatte man ein paar junge Leute aus unserer Stadt gegriffen. Studenten, die sich aufgelehnt hatten. Sie hatten Flugblätter verteilt und Hauswände beschmiert. In den Flugblättern hatten schlimme Dinge gestanden, Lügen über den Führer und unsere heilige Idee, und ein schändlicher Aufruf, den Krieg zu beenden. Ich hatte keines zu sehen bekommen, aber ein wenig davon stand in der Zeitung.
Ich konnte das alles nicht begreifen.
Aber noch unfaßbarer wurde mir dieser Hochverrat, als ich erfuhr, daß die Hauptschuldigen einmal begeistert in den Reihen der Hitlerjugend gestanden hatten. Ich dachte an Johannes Moser. Der war wenigstens kein HJ-Führer gewesen. Dies entlastete ihn bei mir ein wenig. Die andern aber, die, die nun wirklich zum Schafott geführt wurden, die waren für mich einfach nicht denkbar.

Ich muß Friedel fragen. Sie hat die Verräter gekannt.

»Das waren einmal meine Kameraden«, sagt sie. »Sie sind gleich 1933 zur Hitlerjugend gekommen, freiwillig und voller Ideen. Ich hatte als kleines Jungmädel bei ihrer Schwester Dienst. Die war prima. Aber später merkte ich, daß sie alles genau so machte, wie es früher die bündische Jugend gemacht hat.«
»Was ist das, bündische Jugend?«
»Das ist, wenn man Landsknechtslieder singt und am Lagerfeuer sitzt und klobige Schuhe trägt«, erklärt Friedel.
Dann fährt sie fort: »Man hat ihnen dann später, als die Hitlerjugend Staatsjugend wurde, untersagt, ihre bündischen Eigenheiten weiter zu pflegen. Nun wurde weltanschauliche Schulung von den Jugendführern verlangt, und dagegen haben sie sich aufgelehnt und sind Eigenbrötler geblieben. Schließlich sind sie abgesetzt worden. Und dann sind sie ihre eigenen Wege gegangen und in den letzten Jahren unter sehr schädlichen Einfluß gekommen.«
Plötzlich weiß man auch, daß einer dieser jungen Leute schon einmal wegen staatsfeindlicher Äußerungen im Gefängnis gesessen hat. Eine Klassenkameradin habe ihn damals angezeigt. Ich kannte dieses Mädchen. Auch sie führte eine Gruppe. Sie arbeitete auf einem städtischen Amt.
Ich gehe zu ihr und frage sie.
»Stimmt das, daß du früher einmal den, der Bernd heißt, angezeigt hast?«
Sie nickt. Ich fühle, sie ist nicht froh darüber.
Sie habe, sagt sie dann, lange mit sich gekämpft. Das, was der Bernd damals in der Klasse von sich gegeben habe, sei sehr schlimm gewesen, aber er sei eben doch ihr Schulkamerad gewesen, und er habe ihr auch oft beim Lernen geholfen. Schließlich aber habe ihr politisches Gewissen über ihr menschliches gesiegt. Da habe sie ihn anzeigen müssen.
Ich müßte sie eigentlich bewundern. Würde auch ich einmal

vor eine so schwere Entscheidung gestellt werden? Würde ich meine persönlichen Gefühle um der Treue willen bezwingen können?
Vor mir steht ein Mädchen, etwas älter als ich, ein liebes Ding, das gerne mit uns lacht, das hübsche Blumen auf dem Fensterbrett pflegt und das eine kunstvolle Sammlung alter Volkslieder neben den Akten auf ihrem Schreibtisch liegen hat. Alle Lieder singen von der Liebe.
Aber dieses Mädchen ist eine Denunziantin.
Die Frage nach der absoluten Selbstverleugnung bedrängt mich furchtbar. Ich muß versuchen, allein damit fertig zu werden. Über so etwas kann man doch mit niemand reden. Aber es gibt zuerst ja immer noch den andern Weg: Ich muß Andersdenkende vom Nationalsozialismus überzeugen.
Gleich bei unserer Deutschlehrerin wollte ich damit anfangen. Sie ließ uns einen Aufsatz schreiben, dessen Thema mich ärgerte. Es ging um Kleider und Mode, und das fand ich unwürdig für Schülerinnen der Oberstufe und dem Ernst der Zeit nicht angemessen.
Ich schreibe brummend das Datum. Es ist der neunte November 1943. Nun beschwere ich mich laut: »Wie können Sie uns an einem solchen Tag über ein so blödes Thema schreiben lassen?«
»Seit wann bestimmen die Schülerinnen die Themen?« fragt sie ziemlich scharf zurück.
Die Klasse murrt. Ich weiß, daß sie mich wieder einmal unmöglich finden.
»Heute ist doch der neunte November!« rufe ich vorwurfsvoll. »An einem solchen Gedenktag kann ich mich doch nicht mit so oberflächlichem Zeug beschäftigen!«
Der neunte November ist ein wichtiger Gedenktag der Nation. An diesem Tag war 1923 Hitlers Putschversuch in München vor der Feldherrnhalle in den Schüssen der Reichs-

wehr untergegangen. Alljährlich gedenkt man der gefallenen Kämpfer.
Aber die Mehrheit der Klasse sieht kein Sakrileg darin, unter solchem Datum einen Mädchenaufsatz zu schreiben. Ich muß mich zähneknirschend fügen.
Nach dem Unterricht mache ich Fräulein Ranke nochmals heftige Vorwürfe. Doch die hat sich inzwischen auch präpariert.
»Was wollen Sie denn?« Ihre Stimme klingt so distanziert, als spräche sie aus weiter Ferne zu einem fremden Publikum. »Ich war erst kürzlich bei einer Tagung des NS-Lehrerbundes. Da lernten wir, daß wir uns daran gewöhnen müßten, Krieg als Dauerzustand zu betrachten. Nur dieser Zustand soll in Zukunft als der normale gelten. Uns bleibt deshalb doch gar nichts übrig, als trotz Krieg und Not die Dinge des Alltags nicht zu vergessen.«
Ich meine, aus ihren Worten einen Unterton traurigen Triumphs herauszuhören.
Doch ich bin sprachlos. Dann rufe ich entsetzt: »Das – das kann doch nicht sein! Nach dem Sieg wird es einen langen Frieden geben und für alle eine glückliche Zukunft. Dafür arbeiten wir doch jetzt so sehr, dafür kämpfen unsre Soldaten!«
»Cornelia, Sie hängen einer Utopie nach! Bereiten Sie sich lieber auf diesen Dauerkriegszustand vor.«
Ihre Stimme ist voll bitterer Ironie.
»Sie müßten dies doch eigentlich besser wissen als ich, bei Ihren dauernden Führerschulungen.« Damit läßt sie mich stehen.
Mir kommt ein Spruch in den Sinn. Er bedeutet mir viel, und ich stelle ihn oft meinen feierlichen Stunden voran:
›Das Leben ist Kampf und ist Liebe. Wehre dich! Und halte Treue.‹
Ich bin ganz sicher, daß dieser Spruch nicht Krieg bedeuten muß. Obwohl wir nun schon vier Jahre Krieg haben.

Aber ich kann Fräulein Ranke nicht mehr sagen, daß sie sicher etwas Falsches aus ihrer Tagung herausgehört hat, denn sie ist rasch weggegangen. Und ich finde niemand, der mir eine klare Antwort über unsere Zukunft geben könnte.
Doch nur um der besseren Zukunft willen kämpften Werner und Rainer in Rußland und Andreas in Italien. Wir bangten täglich um sie. Von Rainer war schon lange keine Nachricht mehr gekommen. Nun blieb auch Andis Post aus.

Wir lasen nun in der Schule das Nibelungenlied. Das Mittelhochdeutsche machte mir Freude. Die archaische Gewalt des Epos packte mich. Gerade über diesen Sagenkreis gab es in unserem Führerschulungsmaterial reichhaltiges Schrifttum. Ich hatte schon viel darüber gelesen, aber es hatte mich nicht gepackt in seiner mageren Theorie.
Nur die Schwerpunkte der Deutung waren gesetzt. Jetzt, aus der Dichtung heraus, füllten sich die Schwerpunkte mit Leben. Und daraus wuchs mir eine Gestalt entgegen und ergriff Besitz von mir. Sie hieß Hagen von Tronje.
Hagen war in der nationalsozialistischen Literatur der Held schlechthin. Das Vorbild des deutschen Herrenmenschen. Denn er hat die Selbstaufgabe bis zur äußersten Grenze getrieben. Aus Treue zu seinem König hat er seine Ehre hingegeben, als er zum Mörder wurde. Aus Treue zum Mörder.
Hier fand unsere so viel besungene Treue ihre letzte Verwirklichung. Hagen griff nach mir wie ein schwarzer Schatten. Für ihn war meine Seele all die Jahre hindurch vorbereitet worden. Nun ruhte sie in seinem Schatten in kalter Geborgenheit.
Erst jetzt wurde die Denunziantin für mich zur bewunderungswürdigen Person. Ich suchte ihre Freundschaft und gewann sie. Fortan lebte ich in Hagens Schatten.
Ich stehe auf der Straße. Neben mir ist Greta. Wir haben uns gerade getroffen. Wir unterhalten uns über irgend etwas.

Da wird ein langer Zug Menschen an uns vorbeigetrieben. Es sind Juden.
Sie bewegen sich auf den Bahnhof zu. Abgehärmte, geduckte Gestalten. Nur der Davidstern leuchtet grell auf ihren Kleidern, vorn und hinten.
Gerade stößt eine Bekannte von Gretas Mutter zu uns. Sie gehört zu den ganz alten Kämpferinnen der Frauenschaft. Sie sieht den Judenzug und nimmt Greta beiseite. Sie flüstert ihr etwas ins Ohr und wirft dabei einen schiefen Blick auf mich. Ich soll nichts davon hören.
Dann sind wir wieder allein.
Greta will nichts sagen. Aber ich dringe in sie. Da sagt sie es mir: »Die«, sie weist lässig mit dem Kopf nach der Judengruppe, die man nur noch von hinten sieht, »die kommen jetzt nach Polen. Da werden sie alle umgebracht.«
Mich schaudert. Aber ich hätte nicht sagen können, wovor. Hagens Schatten hat meine Phantasie verhüllt.
Doch dieser Schatten ist nicht dunkel genug, um nicht spontan den Blick zweier Augen in mir aufleuchten zu lassen. Diese Augen sind mir unlängst begegnet, haben mich stumm angesehen, unmerklich gegrüßt. Ich habe scheu zurückgegrüßt und bin geflohen. Geflohen vor dem Davidstern. Vor allem aber vor dem Blick, aus dem mich eine Trauer traf, die mich erschreckte.
Diese Augen haben Mirjam Landau gehört. Sie ist fast zwei Jahre lang, mit sechs und sieben, meine Schulkameradin gewesen.
In jenem Moment, als Greta, mitten auf der Straße, die voller Alltag ist, mir dies ungeheure Geheimnis preisgibt, ist mir, als blickte mich Mirjam an. Sie blickt mich an von allen Seiten, wohin ich mich auch wende.
Doch der Schatten löscht das Bild.

So habe ich fortan *gewußt.*

Zum ersten Mal dachte ich: Vieles, was geschieht, dürfte nie geschehen. Doch wir Jungen waren aufgerufen, das Gute gegen das Böse zu setzen. Das Böse, gegen das ich das Gute setzen wollte, hielt ich im Schatten verborgen. Sonst wäre das Gute in mir in nichts zerronnen. Doch unsere Kinder sollten einmal in einer besseren Welt leben. Dies hatte neulich ein hoher Würdenträger aus der Reichsjugendführung in einer flammenden Rede gesagt: »Alles, alles wollen wir hingeben für das ›Heilige Großgermanische Reich Deutscher Nation‹!«
Alles.
Was war alles?
Der Schatten Hagens fiel auf die Seele eines sechzehnjährigen Mädchens.
Er fiel auf die Postkarte, die uns mitteilte, daß Andreas in amerikanische Gefangenschaft geraten war. Er fiel auf den schwarzumrandeten Brief, der uns Vater Borgs Tod mitteilte.
Ich konnte nicht weinen.
Er fiel auf den gelblichen Briefumschlag, der immer dasselbe bedeutete: Es ist wieder einer gefallen. Es war Rainer.
Als Mama Cornelius vor unserm Gartentor stand, mit verweinten Augen, den Brief in der Hand, glitten meine Züge aus und machten mein Gesicht zur starren Fratze.
In der Kälte dieses Schattens war meine Seele gefroren.

Schweigen

Eines Tages ist Papa wieder da.
Er läuft mir entgegen, als ich von der Schule komme, und nimmt mich in den Arm. »Nun bekommst du erst einmal einen richtigen Kuß!«

Dann verkündet er stolz die Neuigkeit: »Stell dir vor, ich bin angenommen! Ich hab's geschafft! Ich darf bei ihm arbeiten! Bei Thorak!«
Ich blicke ehrfürchtig, wenn auch etwas verständnislos. Ich kann mich im Augenblick nicht darauf besinnen, wer Thorak ist. Aber er läßt mir gar keine Zeit zum Nachdenken.
»Er ist der Größte! Der absolut größte Bildhauer unsrer Zeit! Seine Werke stehen alle im ›Haus der Deutschen Kunst‹. Er arbeitet für den Führer. Er hat sich sehr anerkennend geäußert über meine neue Führerbüste. Und bei ihm darf ich nun arbeiten.«
Ich fühle mich recht verlegen. Ein wenig beschämt auch, weil ich gar kein Gefühl empfinde, das der Größe dieser Stunde, dieser Lebenswende, angemessen wäre. Zu fremd ist mir dieser Mann, der mein Vater ist. Zu sehr haben es Ängste verhindert, ihn wirklich zu sehen.
Aber dann freue ich mich doch. Nicht nur für ihn, sondern auch für uns; denn diese Arbeit muß seine Abwesenheit von uns bedeuten. Nur darf ich mir diese Freude nicht eingestehen. Da ist etwas, was mich daran hindert.
Er zog nach München. Weil er keinen Berechtigungsschein hatte, den Schnellzug zu benützen, der nur noch fürs Militär reserviert war, fuhr er mit dem Fahrrad auf der Autobahn.
»Er macht sich wieder seine eigenen Gesetze«, seufzte Mama und zuckte mit den Schultern.
Mama hatte trotz der Trostlosigkeit ihrer Ehe, trotz der Beschwernisse der Kriegszeit und bei all ihrem Glauben an den Nationalsozialismus ihr menschliches Empfinden nicht verloren. Aber sie war nüchtern geworden, und ihre Art, die Probleme zu sehen, hatte sich fatal vereinfacht. Ihr menschliches Herz schlug nur noch für die nächste Umwelt. Unsere Mieter im Haus sprachen sich immer offener als Nazigegner aus. Mama verbat sich höflich, aber bestimmt, solche Reden, die

sie ›nicht hören dürfe‹. Aber sie hielt gute Hausgemeinschaft in distanzierter Freundlichkeit. Sie sah, daß diese Leute aus schwarzen Quellen alle Lebensmittel haben konnten, die man sich wünschte. Sie selber hätte während des Krieges nie solche Möglichkeiten, die sich jedem boten, der ein Geschäft hatte, genützt. Aber sie tolerierte die Lebensweise anderer.
Doch sobald sie Leid und Unrecht außerhalb ihres persönlichen Lebenskreises begegnete, verschloß sie sich.
Eine junge Frau war auf dem Schlageterplatz an den Pranger gefesselt, kahlgeschoren und angespien worden. Sie hatte sich mit einem französischen Kriegsgefangenen eingelassen. Dieser Vorfall löste in der Stadt eine große Welle von Empörung aus. Auch im Bekanntenkreis und in der Klasse.
»Ist das nötig?« fragte ich mich. Ich mied den Schlageterplatz.
Auch Mama fragte: »Haben wir das nötig?«
Aber als ihre Freundinnen im Damenkranz und Mama Cornelius ihr Entsetzen über diesen ›Rückfall ins Mittelalter‹ ungeschminkt kundtaten, da funktionierte auch Mamas verformtes politisches Gewissen. Da kam ihr wieder diese Rechtfertigungsformel über die Lippen, die wir damals so oft hörten: »Wir haben Krieg, da sind harte Maßnahmen nötig. Denn der Feind will uns unerbittlich vernichten. Seine Bomber schlagen unschuldige Frauen und Kinder tot. Nach dem Kriege können wir uns Menschlichkeit leisten.«
Wenn sie so sprach, schwiegen die andern. Sie sahen sich ihrer aktiven Möglichkeiten, zu helfen, beraubt, und sie glaubten nicht an die Kraft des Mit–leidens. Deshalb sahen sie weg. Deshalb schwiegen sie.
Andre schwiegen aus Angst oder Gleichgültigkeit, oder sie schwiegen aus Mitleid. Dies Mitleid galt mir. Sie wollten mir meinen Idealismus nicht zerstören. Ich spürte diese Weihnachtsmannhaltung und spielte mit. Deshalb schwieg ich, da, wo ich wider Willen wußte.

Drohend und dicht empfand ich das Schweigen der andern, als an einem Sonntagnachmittag Mama Cornelius zum Kaffee kam. Sie war blaß und zittrig, als sie berichtete, ihr Patenkind sei in eine Nervenheilanstalt gekommen.
Wir hatten dies Mädchen ein halbes Jahr zuvor selbst kennengelernt. Sie war als tatendurstige Abiturientin vor dem Krieg an die Kolonialschule nach Rendsburg gekommen und hatte uns begeistert von der vielseitigen und gründlichen Ausbildung dort berichtet. Als sie ihr Examen machte, war schon lange Krieg, und so wurden all die romantischen Afrikapioniere schnell auf den nun viel wichtigeren Osteinsatz umprogrammiert. Man brauchte solche Leute, um im ›Generalgouvernement‹ deutsche Ordnung und Sauberkeit durchzusetzen. Vor ihrer Aussendung war sie mit ihrer Patentante noch einmal bei uns gewesen.
Nun, nach einem halben Jahr, war sie heimgeschickt worden, an Leib und Seele zerstört.
»Was haben die Polen mit ihr gemacht?« frage ich entsetzt. Da sehen sich die beiden Frauen an und – schweigen.
Sie haben schon, ehe ich ins Zimmer kam, darüber gesprochen. Ich bekomme undeutlich heraus, daß der Zustand des Mädchens nichts mit den Polen zu tun haben kann. Daß er mit einem anderen, entsetzlichen Erlebnis zusammenhängen muß. Aber dies Entsetzliche begegnet mir jetzt im Schweigen der Erwachsenen.
Mein eigenes geheimes Wissen beschwert mich. Auch die in der Verdrängung noch vage Erinnerung an meine makabren Erlebnisse im Warthegau. Das Schweigen hier muß etwas damit zu tun haben.
Aber ich bekomme nichts Genaues heraus, und mit der Vergeblichkeit meines Bemühens wächst die Angst in mir. Die Angst macht, daß ich plötzlich gar nichts mehr wissen will. Ich darf auch nicht fragen.

Ich darf meinen Glauben und meine Treue nicht gefährden.

Kurz darauf kam Werner von der Ostfront auf Urlaub. Er kam abends und schlief die Nacht bei uns, ehe er zu Reni und den Kindern fuhr.
Er ist erschüttert und verstört. Das ist es, was ihn so anders macht, so fremd. Nicht sein heruntergekommenes Aussehen.
»Der Führer weiß vieles nicht«, sagt er leise.
Dann schreit er plötzlich auf und rennt im Zimmer auf und ab, mit zugehaltenen Ohren. Dabei brüllt er: »Bidä Brod – bidä Brod – bidä Brod – Brod Brod Brod Brod Brod . . .«
Vom Donez bis zur deutschen Grenze sei der Bahndamm von hungernden Frauen und Kindern belagert gewesen, von Kindern mit aufgetriebenen Bäuchen. Auch wenn SS-Truppen* hineingeschossen hätten, der Haufen schreiender Menschen habe sich immer wieder geschlossen. Viele Soldaten hätten ihre Brotrationen hinausgeworfen. Aber dies sei streng verboten gewesen.
»Der Schrei ging ihm nicht aus den Ohren, den ganzen Urlaub über«, sagte später Irene. ›Der Führer weiß das nicht‹, habe er immer wieder versichert. Aber ihr war, als habe Werner es mehr sich selbst versichert als andern.
Er muß noch mehr gesehen haben. Aber nicht für mich. Wieder stand ich vor dieser Wand des Schweigens.
Als er wieder fort war, sagte Reni: »Wir müssen diesen Krieg gewinnen, sonst wird's furchtbar.«
Ich hatte aus ihrem Mund noch nie eine politische Äußerung vernommen. Nun staunte ich. Zweifelte sie etwa am Sieg?

Manchmal kam Papa nach Hause.

---

* *SS = Hitlers Elitetruppe, streng militärisch, weltanschaulich geschult, oft mit Geheimaufträgen betraut (Judenermordung)*

Von seiner anfänglichen Begeisterung war bald nichts mehr zu spüren. Statt dessen gab er sich gereizt und verdrossen. Bald war seine schlechte Laune nicht mehr aus dem Hunger zu erklären, den er in seinem selbstgewählten Junggesellendasein offenbar zum ersten Male litt. Denn Thoraks voller Tisch war für ihn nicht gedeckt.
Erst äußerte er nur seine Enttäuschung über den menschlichen Hochmut des Meisters. Über die Herabsetzung, die er selber erfahren mußte. Er mußte in einer fernen Ecke der Riesenwerkstatt seine Arbeit verrichten. Vergessen, nicht einmal geduldet. Auch seine Hoffnung, daß seine Führerbüste durch Thoraks Protektion ins Haus der Deutschen Kunst aufgenommen würde, schien sich nicht zu erfüllen.
Aber bald war es mehr als Unmut über persönliche Kränkung, was daheim aus ihm herausbrach. Es war eine Enttäuschung, die viel umfassender war.
Er hatte einen der Fotografen des Führers kennengelernt. Er war entsetzt über dessen respektlose, defätistische Äußerungen. Er sah Parteibonzen bei Thorak ein- und ausgehen, geladen zu Gelagen, die er nur aus Gerüchten kannte. Er war angeekelt von dieser ganzen Gesellschaft, mit der sich der Meister umgab. Er konnte nicht begreifen, daß diese Leute alle mit der Heilandsfigur des Führers etwas zu tun haben sollten. Er begriff die Welt nicht mehr.
Er hielt es endlich in dem immer widerlicheren Milieu nicht mehr aus. Aber eine Rückkehr nach Hause wäre für ihn, nach seinem glanzvollen Auszug, doch recht deprimierend gewesen.
So zog er es vor, zu einem Kleineren zu gehen. Professor N. nahm sich seiner an. Er brachte auch Papas ›Führer‹ in die große Ausstellung.
Papa war glücklich und stolz. Er beschrieb uns genau, wie gut seine Büste stände, mitten im größten Saal, in dem Thoraks

›Königlicher Reiter‹ und andere Kolossalfiguren den Besucher überwuchteten.
Papa freute sich, daß er nun die Büste eines Ritterkreuzträgers schaffen durfte. Er kam dabei wieder unter Offiziere. Aber er war sehr schweigsam, wenn er von ihnen kam. Sein Schweigen bedrückte uns.

Kurzgeschlossen

Es war im Sommer, von dem wir alle nicht wußten, daß es unser letzter Schulsommer war.
Unsere Klasse war im Laufe der letzten Jahre zu einer besseren Gemeinschaft zusammengewachsen, als mir bewußt war. Ich war innerlich zu oft ›nicht da‹, und ich bekräftigte mir immer wieder, daß ich meine eigene Bildungschance eben höheren Zielen opfern müsse. Je älter ich wurde, desto bewußter wurde mir dieses Opfer. Denn was die Oberstufe bot, interessierte mich wirklich. Ich sehnte mich danach, einen konkreten Stoff lernend zu erarbeiten. Aber wenn ich's dann versuchte, konnte ich es nicht mehr. Ich konnte nicht mehr lesen, nicht mehr konzentriert lernen. Die Vielgeschäftigkeit im Dienst hatte den letzten Rest solider Arbeitsmoral in mir zerstört. Ich erkannte das und floh vor dieser Erkenntnis. Ich floh in den Schatten.
Meine Schulkameradinnen lächelten über mich. Sie schüttelten die Köpfe. Manche ließen mich offen links liegen. Auch Corinna sprach nicht mehr mit mir. Sie war in letzter Zeit zur Schweigerin geworden. Die Kopfschüttler, das waren meine losen und meine potentiellen Freundinnen. Sie unternahmen von Zeit zu Zeit mutige, aber hoffnungslose Versuche, mich

in die Realität zurückzuholen. Sie hielten nicht hinter dem Berg über die wahre Kriegslage. Man schrieb das Frühjahr 1944. Sie appellierten an meinen Verstand.
Auch unserer Lehrerin für Biologie und Chemie schien ich sehr am Herzen zu liegen. Das wunderte mich, denn ich ließ sie keinen Augenblick im Zweifel über meine nationalsozialistische Überzeugung. Frau Dr. Reinwald ließ uns ebenfalls nicht im Zweifel. Wenn sie zu Unterrichtsbeginn ›Heil Hitler‹ sagte, dann hatte ich den Eindruck, als fasse sie mit spitzen Fingern etwas Ekliges an. Weil ihr brillanter Unterricht uns aber alle fesselte und begeisterte, nahmen wir auch willig auf, was sie darüber hinaus zu uns sagte. Zu Beginn jeder Stunde predigte sie von alten, sehr veralteten Werten wie Menschlichkeit, Nächstenliebe, Individualismus. In langen Nächten, in denen wir Schülerinnen der Oberstufe nun oft in der Schule ›Brandwache‹ halten mußten und uns dazu die Lehrerin aussuchen durften, suchten wir das Gespräch mit ihr. Ich barst vor Widerspruch – und doch liebte und verehrte ich Frau Reinwald wie keine meiner anderen Lehrerinnen. Wir standen auf verschiedenen Seiten eines Abgrunds. Doch über die Tiefe hinweg war ein Funke übergesprungen. Unsere nächtlichen Gespräche wurden meist zu einem zähen Ringen. Wenn dann der Morgen dämmerte, hatte ich verloren. Dann kroch ich für eine Stunde wütend in mein Notbett. Gewiß würde ich sie morgen für unsere gute Sache gewinnen können!
Unser Schulleiter, der ›Rex‹, war dagegen ein gläubiger Gefolgsmann des Führers. Er war aber auch ein Lehrer von ausgezeichnetem Fachwissen, und trotz seiner politischen Färbung verlangte er von uns solide Arbeit und, soweit das möglich war, kritisches Denken.
Er las mit uns Goethes ›Iphigenie‹ und Schillers ›Worte des Glaubens‹. Dann stellte er uns Heinrich von Kleist vor.
Die Standardstücke sollten wir zu Hause lernen (wozu ich

natürlich keine Zeit hatte). In der Schule las er mit uns das Fragment ›Robert Guiscard‹.
Es handelt von Robert, dem normannischen Feldherrn, der im aussichtslosen Kampf gegen einen vielfach überlegenen Gegner steht. Unüberhörbar wird die Frage aufgeworfen: Ist in einem sinnlos gewordenen Krieg weiteres Hinopfern von Menschen Pflicht oder Schuld?
Ich glaube, sie haben in der Klasse darüber diskutiert.
Ich höre es nicht.
Ich fühle mich klein und verlassen in meiner Bank und wehrlos einem Gefühl ausgeliefert, das mir fremd und unheimlich ist: Aus dem Fragment eines Dichters heraus hat mich plötzlich der Zweifel überfallen.
Ich fühle mich klein und verlassen, und mir wird schlecht.
Der Rex fragt mich, ob mir etwas fehle. Ob ich nach Hause wolle. Aber ich lege nur den Kopf auf die Bank vor mir und überlasse mich der Nacht.
Ich muß nachdenken. Mit einemmal wird mir klar, daß, wer einmal zweifelt, selbst weiterdenken muß. Der Gedanke, ganz allein weiterdenken zu können, fasziniert mich. Er lockt. Doch wohin?
Wohin werde ich geraten, wenn ich weiterdenke?
Da überfällt mich wahnsinnige Angst.
Die Möglichkeit eigenen Denkens lockt, wie noch nie etwas gelockt hat.
In diesem Moment erfahre ich sie als Versuchung.
Denn wenn ich weiterdenken würde, müßte ich die Treue brechen, die ich einst gelobt habe.
Versuchung und Erschrecken und Verzweiflung drücken meinen Kopf auf die Schulbank. Inmitten einer gewöhnlichen Schulstunde bin ich allein.
Hinter den geschlossenen Augen sehe ich Bilder: den Judenzug, den polnischen Jungen, Johannes Moser, Vater Borg.

Ganz undeutlich, aber erkennbar, Liebels. Von allen Seiten kommen sie und bedrängen mich. Es hilft nichts, daß ich mein Gesicht immer tiefer in den Armen vergrabe. Nichts schützt mich vor ihnen.
Da fällt ein Schatten auf sie und löscht sie aus. Hagen ist bei mir. Seit er da ist, weiß ich: Treue will Opfer.
Auch das Opfer eigenen Denkens, eigener Menschlichkeit, persönlicher Liebe.
Ich berge mich in dem schützenden Schatten.

Wir bekamen eine neue Mitschülerin. Als ich sie sah, erkannte ich sie sofort wieder. Es war Manuela, die Halbjüdin. Sie war schon einmal in der dritten Grundschulklasse meine Schulkameradin gewesen. Von mir beneidet und gequält.
Niemand wußte, woher sie kam. Sie wirkte fremd und verstört. Nichts erinnerte an die selbstsichere Berliner Göre von damals. Sie ging auf mich zu, als wäre ich ihr einziger Halt.
Es war mir peinlich, daß ich sie einst so neidisch gequält hatte. Deshalb war ich froh, daß ich ihr jetzt ein wenig helfen konnte, sich in der neuen Umgebung zurechtzufinden.
Als ich nachmittags auf der Banndienststelle* etwas erledigen mußte, wurde ich zur Bannmädelführerin gerufen.
»Mir wurde berichtet, Nele, daß da in eure Klasse eine Halbjüdin gekommen ist. Und ausgerechnet du bist es, die sich um sie kümmert. Wie kannst du dich so vergessen, in deiner Stellung als Führerin!«
Alles an ihr ist Vorwurf.
Ich mag sie nicht. Schon deshalb begehre ich heftig auf.
»Da ist doch nichts dabei. Darf man einer Neuen denn nicht die Wege zeigen? Außer mir hat sie doch niemand gekannt.«
Da lacht die andre, hart und verächtlich.

---

* *Banndienststelle = höchste Dienststelle der Hitlerjugend im Kreisgebiet*

»Das glaubst auch bloß du, daß sie von keiner andern erkannt wurde. Bloß, die wissen eben, was sie ihrem Deutschtum schuldig sind.«
Nun brause ich wütend auf.
»Das mußt du ausgerechnet zu mir sagen!«
»Anscheinend ist das nötig. Gerade von dir hätt' ich das nicht gedacht. Ich glaubte, du wüßtest genau, daß Halbjuden nichts bei uns zu suchen haben. Schon gar nicht in einer Oberschule.«
»Du hattest darin auch nichts zu suchen«, denke ich. Aber ich sage es nicht. Über meinen persönlichen Sympathien und Antipathien steht die hierarchische Grundordnung, der ich mich füge.
»Sie wird nicht bleiben. Dafür ist schon gesorgt«, sagt sie noch. Damit bin ich entlassen.
In mir kocht der Zorn, als ich draußen stehe.
Ich blicke zum Flurfenster hinaus auf das Treiben in den grauen Straßen. Notdürftig geflickte Dächer, Fenster mit Pappe anstatt Scheiben, Bretterbuden auf Schutthaufen, in denen karg das Geschäft weitergeht. Soldaten und Zivilisten eilen vorwärts, rasch und freudlos. Nun biegen zwei junge Männer auf Krücken um die Ecke. Ihr leeres Hosenbein ist umgeschlagen und mit einer Sicherheitsnadel unter dem Gesäß befestigt. Eine der Nadeln blitzt in der Nachmittagssonne.
Plötzlich erkenne ich in diesem gewöhnlichen Alltag den Krieg. Das ›internationale Judentum‹ hat ihn uns aufgezwungen. Ich schäme mich meiner Untreue.

Die Sommerferien rücken näher und damit, wie alljährlich, das Sommerlager. Aber wegen des Krieges konnte man sich von den höheren Dienststellen aus nicht mehr um solche Dinge kümmern. Die Freizeithäuser wurden alle für evakuierte Kinder aus den zerbombten Städten gebraucht. Wir mußten unser Lager schon selber organisieren. Ich fuhr mit dem Rad die

Dörfer unserer Umgebung ab, bis ich einen Bürgermeister fand, der sein Schulhaus zur Verfügung stellte, einen Bauern, der uns Stroh gab und seine Wiese überließ, die für uns abgemäht sein würde.
Fast alle Mädel durften mit ins Lager. Ich war glücklich. Nun würde ich sie vierzehn Tage um mich haben, könnte ihnen Erholung bieten und meine Erziehungsaufgabe intensiv wahrnehmen. Sie würden ein noch stärkeres Gefühl der Zusammengehörigkeit bekommen. Doch die rauhe Wirklichkeit machte meine hochfliegenden Pläne rasch zunichte. Denn es ist etwas andres, aus einer Großküche regelmäßig gutes Essen zu bekommen, als mit rationierten Lebensmitteln für hundert Leute selbst kochen zu müssen.
An einem Dienstnachmittag war es leicht, Ruhe in die Schar zu bekommen. Nicht aber abends auf juckendem Strohlager. Das Hauptproblem aber waren bald schon die kleineren und größeren Unpäßlichkeiten und Erkrankungen, mit denen wir allein fertig werden mußten. Wie sollten wir, selbst noch Kinder, zu Hause behütet und verwöhnt, erkennen, ob Bauchweh gefährlich oder harmlos war? Wie echtes Gewimmer von Hysterie unterscheiden? Es gab keinen Arzt im Dorf und keine Krankenschwester. Im vierten Kriegsjahr wurden die woanders gebraucht.
Eines Tages war ein Mädchen verschwunden. Wir suchten sie verzweifelt, bis wir sie ganz nahe in einem Versteck wiederfanden. Da kauerte sie in einer Ecke und weinte. Sie hatte das primitive Leben satt und wollte heim. Bald heulte das ganze Zimmer. Denn nichts ist so ansteckend wie Heimweh.
Über all dem brannte der Magermilchbrei wieder einmal an und wurde trotz Hungers und unseres guten Beispiels nicht gegessen.
Nach drei Tagen befielen mich ausdauernde Kopfschmerzen, die mich für Stunden arbeitsunfähig machten. Nun ging alles

drunter und drüber. Zum Glück hatten wir wenigstens anhaltend schönes Wetter, zum Glück gab es keinen ernsten Unfall. Aber ich brach am Abend des vierten Tages verzweifelt zusammen: Ich hatte versagt auf der ganzen Linie. Dieser Aufgabe, die mir so verlockend erschienen war, war ich nicht gewachsen. Ich hatte in meiner Führerschaft ein paar vernünftige Mädel, Vierzehn- bis Fünfzehnjährige, die zu Hause Geschwister hatten. Die halfen mir, so gut sie konnten.
Als endlich, nach zwei Tagen, das Kopfweh nachließ, arbeitete ich in der Nacht detaillierte Tagespläne aus. Ich hatte erkannt, daß es ohne kleinliche Gründlichkeit nicht ging, wenn man wirkliche Verantwortung zu tragen hatte.
Zum ersten Mal empfand ich meine jahrelange Jugendarbeit als ungeheure Last.
Da erfahren wir mit der Morgenpost des einundzwanzigsten Juli das Entsetzliche und Wunderbare zugleich:
Verruchte Offiziere, abscheuliche Verräter, haben ein Attentat auf unsern Führer verübt. Aber ›Ihm‹, dem größten Deutschen, ist nichts geschehen. Die Verbrecher sind schon gefaßt. Ein Gottesurteil!
Wir stehen bereit zur Flaggenhissung. Mit dieser Andachtsstunde beginnen wir allmorgendlich den neuen deutschen Tag. Ich stehe und spreche ... Die Worte fließen mir direkt aus dem Herzen. Es kommt viel von Treue darin vor und vom ungebrochenen Glauben an den Sieg. Auch wenn in Ost und West die Fronten unseren Grenzen bedrohlich näher rücken. Aber der Führer ist bewahrt worden, damit er den Sieg erringe. Der Führer weiß, daß sein Volk viele Proben bestehen muß, um sich des gewaltigen Endsiegs würdig zu erweisen.
Da entsteht plötzlich, in diese große Feierstunde hinein, eine kleine Unruhe. Eine meiner jungen Führerinnen schlägt der Länge nach hin, als habe der Blitz sie getroffen. Nun liegt sie da wie ein umgefallener Baum. So wird meine schöne und

erhabene Feier jäh abgebrochen und endet in hektischem Treiben.
Nach ein paar kalten Kompressen kommt Anne schnell wieder zu sich. Sie hat sich bei ihrem Fall auch nicht verletzt. Ihr werde oft schlecht, beruhigt sie uns.
Aber sie tat fortan ihre Arbeit ohne Begeisterung, mechanisch und in sich gekehrt. Sie sprach kaum mehr ein Wort mit uns, und wir dachten alle, sie fühle sich doch krank, und schonten sie.
Jahre später habe ich erfahren, daß ihre Familie enge Freunde unter den an der Verschwörung beteiligten Offizieren hatte. Der Blitz, der sie hatte umfallen lassen, war die nackte Angst um ihre Nächsten gewesen.
Wir ahnten nichts von solchen Ängsten. Ich spürte nur, daß es für uns noch sehr schwer werden würde, den Krieg durchzustehen.
Das Attentat war nur ein Auftakt zu einem neuen Stadium der Prüfungen gewesen, in das unser Volk eintreten würde.
Da schämte ich mich meiner eigenen Mutlosigkeit und meines Überdrusses. Ich wußte, daß ich jetzt erst recht gebraucht würde.

Im selben Sommer wurde ich noch in eine Reichsführerschule einberufen. Dort sollten höhere Führerinnen Ausbildung und Ausrichtung erhalten, besonders auch intensive Berufsberatung.
Wir waren vierzig an der Zahl. Unter uns würde dann eine Auslese stattfinden, bei der nur wenige berücksichtigt werden konnten. Die Erwählten sollten auf die einzige Führerakademie in Braunschweig berufen und dort sofort für ganz hohe Führungsaufgaben ausgebildet werden.
Die Tagung war interessant. Sie bot zunächst viel Allgemeinbildendes auf einem ungewohnt hohen Niveau. Es saß hier aber

auch eine Gruppe relativ intelligenter Oberschülerinnen aus dem ganzen Reichsgebiet beisammen.
Wir mußten Tests bestehen, Buchbeschreibungen liefern und Referate halten.
Bei der Buchbeschreibung kam ich in arge Verlegenheit. Ich war so unbelesen. Ich konnte einfach nichts Rechtes aus meinem Gedächtnis zutage fördern, weil da eben nichts vorhanden war. So wählte ich einen üblen Kriegsreißer, den ich unlängst verschlungen hatte, und genierte mich sehr, als ich vernahm, wie gut die andern sich in Literatur auskannten.
Täglich mußten wir Referate halten. An eines erinnere ich mich noch genau. Ein hochintelligentes, sensibles Mädchen, mit dem ich mich ein wenig angefreundet hatte, sprach über die Judenfrage. Ihr Vortrag gipfelte in dem Führerwort: »Indem ich mich der Juden erwehre, diene ich dem Werk des Herrn.«
Ein anderer Vortrag, den die Tagungsleiterin hielt, handelte von der Notwendigkeit, lebensunwertes Leben zu vernichten. Sie redeten sich in Feuer und Haß hinein.
»Lebensunwertes Leben liegt unter der Grenze des Menschseins. Ein gesundes Volk aber will Menschen ernähren, nicht Kreaturen erhalten, von denen einige ihren eigenen Kot auffressen.«
Ich blickte mich um und sah, wie andere kurz und exakt nickten. Da verscheuchte ich lästige Gefühle und dunkle Erinnerungen an Tante Claudia. Erst während eines Gesprächs am nächsten Tag bekam ich einen leichten Schock. Eine Hauptamtliche hatte über die Fülle an Arbeit gesprochen, die uns in diesem Beruf erwarte. Wir müßten bereit sein, jedes Privatleben dranzugeben.
Nach dem Vortrag wandte ich ein, dies würde ja jede von uns gerne drangeben, jetzt, im harten Krieg. Aber wir würden es doch wohl vor allem deshalb drangeben, damit unsere Kinder

es einmal besser hätten und in Glück und Frieden leben könnten. Da sah sie mich entgeistert und strafend an.
»Nein. Der neue Übermensch wird nur noch so leben wollen, wie wir zu leben versuchen. Wenn alles Fremde und Schwache ausgemerzt ist, wird das möglich sein.«
Ungewollt stieg mir das eisige Gespräch mit Fräulein Ranke aus dem Gedächtnis auf. Sollte sie sich damals doch nicht geirrt haben? Nun fand ich mich bitter enttäuscht von diesem wenig verlockenden Zukunftsbild.
»Nein«, schwor ich mir. »Nein, so darf es einmal nicht werden.« Ich würde mit aller Kraft mithelfen, daß es nicht so werden würde. Es würde an uns Jungen liegen, die Welt gut zu gestalten. Vorher aber mußten wir auf alle Fälle die harte Gegenwart durchstehen. Die war hart, sehr hart.
Ich weiß nicht, wie viele von uns fähig waren, über das nachzudenken, was wir hier erfuhren. Doch ich weiß, daß sich das Vernichtungsprogramm des Reiches, das wir hier kennenlernten und das natürlich rein abstrakt vermittelt wurde, meinem kritischen Denken restlos entzog. Mein Denken blieb kurzgeschlossen in einem Teufelskreis aus Idealismus und Selbstbelügung. Die Selbstbelügung hieß jetzt bei mir, unter anderem: Es muß sein, damit später alles gut wird.

Am Ende der Tagung hatte jede von uns ein persönliches Interview mit einer Würdenträgerin der Reichsjugendführung. Wir wurden nach Berufszielen befragt, und wir sollten ausdrücken, was wir unter dem Sinn des Lebens verstünden. Es war wie ein Verhör.
Ich wußte nicht recht, was für ein Berufsziel ich angeben sollte. Ich hatte einmal an ein Germanistikstudium gedacht. Doch gerade auf diesem Lehrgang in der Führerinnenschule war mir klargeworden, welche Lücken ich in meiner Schulbildung hatte. War für mich der Dienst am Volksganzen doch immer

wichtiger gewesen als meine persönliche Bildung. Nun sah ich ein, daß mein Wissen nicht ausreichte, ein Studium zu beginnen.
Aber ich brauchte gar nichts zu sagen. Man hatte schon über mich entschieden.
Die dunkelblau Uniformierte sitzt würdevoll hinter dem Schreibtisch und blickt mich eine Weile schweigend an.
Dann sagt sie feierlich: »Du wirst zu den wenigen Auserlesenen gehören, die die Führerakademie besuchen dürfen.«
Ich taumle hinaus. Aber ich weiß nicht, ob ich mich freuen soll.
Denn plötzlich erkenne ich in aller Klarheit: Ich bin durch diese große Ehre, die mir zuteil wurde, lebenslänglich um meine Freiheit gekommen.
Die andern beneiden mich. Ein paar können es nicht fassen, daß sie nicht ausersehen sind.
Ich glaube, man hat sich die Kritikunfähigsten und Hingabefreudigsten gegriffen.
Aber ich habe in meiner Kindheit zu viele Demütigungen erfahren müssen. So kann ich mich jetzt ganz gewöhnlichem Stolz nicht entziehen. Ich bin stolz auf die Hingabe meiner Freiheit.

Die Insel im Sturm

Es war nun September 1944. Die Alliierten standen kurz vor dem Westwall, die Russen tief in Polen. Goebbels hatte nach dem zwanzigsten Juli den ›totalen Krieg‹ proklamiert, und es gab immer noch genug Hingerissene, die seine Reden mit Begeisterungsgeschrei beantworteten. Wäre ich dabeigewesen, ich hätte mitgeschrien. Ich habe diese Rede noch im Ohr.

Wir saßen am Radio und hörten die Begeisterten brüllen: »Ja, ja, ja! Wir wollen den totalen Krieg!«
Überall grassierten Gerüchte von der Wunderwaffe, die der Führer bereithalte und die die große Wende bringen würde.
Der totale Krieg griff nun drastisch in unser Schulleben ein. Wir wurden, kaum daß im Herbst unser letztes Jahr angefangen hatte, von einem Tag zum andern aus der Schule entlassen. Man brauchte Arbeitskräfte. Im Oktober sollten wir zum Arbeitsdienst eingezogen werden. Nach guter Führung dort würden wir dann im nächsten Frühjahr unser Abiturzeugnis ausgehändigt bekommen.
Einige von uns waren empört. Die meisten nahmen es still und ergeben hin. Neben den andern, die mit mir so plötzlich die Schule verlassen mußten, kam ich mir unwissend und leer vor.
Viele württembergische Arbeitsdienstlager waren ins Hinterbayerische verlegt worden, da in den einheimischen Lagern Evakuierte wohnten. Ich wurde nach Eichendorf einberufen. Mein Vorurteil war groß. BDM und RAD* mochten sich nicht.
Die Bahnfahrt dorthin in kalten Bummelzügen, von einem Umsteigebahnhof zum andern, dauerte zwölf Stunden. Es war ein kalter, regnerischer Oktoberabend, als ich in Eichendorf ankam. Der Wind trieb mir das Wasser ins Gesicht. Ich fror erbärmlich nach der langen Reise.
Ich fand ein graues Karree von Baracken, das öde in der Landschaft stand. Es war ein ehemaliges Männerlager, am Ende der Welt. Im Waschraum gab es nur kaltes Wasser und primitive blecherne Waschschüsseln. Morgens bekamen wir sacharingesüßten, dünnen Malzkaffee ohne Milch in scheußlichen, angeschlagenen großen Tassen vorgesetzt. Alles war fremd und unpersönlich. Keines der zugeteilten Kleidungs-

---

** RAD = Reichsarbeitsdienst*

stücke paßte richtig. Ich war es nicht gewohnt, mit den Ellenbogen um ein paar gute Stücke zu kämpfen.
Ich fühlte mich allein wie schon lange nicht mehr, verlassener als in meinen ersten Schultagen. Die andern Arbeitsmaiden waren von überallher gekommen. Es herrschte ein buntes Gemisch von Dialekten, die ich in ihrer Ausgeprägtheit nur halb verstand. Auch die Witze, die ich mir abends im Schlafsaal anhören mußte, verstand ich nicht immer. Wie ich das Leben hier ein halbes Jahr aushalten sollte, schien mir unvorstellbar. Nur der Gedanke, daß die Jungen in meinem Alter alle ganz anderen Entbehrungen und Anpassungsproblemen ausgesetzt seien, stärkte mich etwas.
Wider Erwarten aber lebte ich hier bald in einem Wohlgefühl, wie ich es bisher noch nie kennengelernt hatte. Da ich während der vier Wochen Grundausbildung, die wir im Lager mit Innendienst verbrachten, zuerst ein großes Stück Gartenland umschoren mußte, fand ich zum ersten Mal viel Zeit zum Nachdenken. Mit achtzehn Jahren ging ich tastend auf die Suche nach dem eigenen Ich.
Ich entdeckte zunächst, wie herrlich es war, endlich einmal keine Verantwortung für andere tragen zu müssen. Ich mußte nur für die eigene konkrete Arbeit einstehen, und die erschien mir leicht, gemessen an all dem Vorigen.
Jeder nächtliche Gang zur Toilette bedeutete einen Fußmarsch über den siebzig Meter breiten Hof in die andere Baracke, bei Regen, Sturm und Minusgraden. Wir bekamen so wenig Heizmaterial zugeteilt, daß es ein wahres Kunststück war, den Kanonenofen überhaupt richtig warm zu bekommen. Es ging nur mit Hilfe gelegentlicher Raubzüge zum nahen Bahnhof, wo wir einen großen Berg Koks für die Lokomotive entdeckt hatten.
Aber ich war glücklich.
Während die andern unter dem Zwang, hier als uniformierte

Gruppe leben zu müssen, stöhnten, fühlte ich mich frei wie nie zuvor. Ich war froh, den Zwängen des Elternhauses entronnen zu sein, keine Angst mehr vor Papa haben, keine Rücksicht mehr auf Mama nehmen zu müssen. Und ich war froh, hier im Lager nach und nach immer mehr Gleichaltrige kennenzulernen, die mich mit meinen Schwächen und Fähigkeiten gern hatten, ohne die Karriere meiner Jugendjahre zu kennen.
Ich durfte die Werkstatt verwalten und mußte überall eingreifen, wo es Männerarbeit zu verrichten gab. Ich mußte Ofenrohre einsetzen und Bettstellen reparieren, Regale zimmern und die Toiletten in Ordnung halten. Mir machte diese selbständige Arbeit großen Spaß.
Unsere Lagerführerin, Fräulein Sonnfeld, erinnerte mich an Friedel. Darum mochte ich sie sehr gern. Da ich im politischen Unterricht natürlich positiv auffiel und meine Auslese zur Führerakademie ja auch aktenkundig war, durfte ich schon einige Zeit vor den andern in den Außendienst gehen. Der Dorfarzt, der auch das Lager betreute, hatte um eine Haushilfe gebeten.
Im Arzthaus gab es zwei Kinder. Die Frau half mit in der Sprechstunde, und fürs Grobe hatte man eine Polin.
Es gab also nicht besonders viel zu tun, es gab gutes Essen und einen gepflegten Tisch. Dies genoß ich zunächst einfach dankbar. Aber dann stellten sich meinem politischen Gewissen schwierige Probleme. Nicht nur, daß das Doktorehepaar ganz unverhohlen auf ›den Hitler‹ schimpfte – sie sagten nicht einmal ›Führer‹, sondern einfach ›der Hitler und seine Bonzen‹ –, machte mir Konflikte, sondern auch des Doktors große Freundlichkeit gegen die Polin Nada. Sie aß ganz selbstverständlich mit am Tisch, obwohl dies streng verboten war. Ein Herrenmensch durfte nicht an einem Tisch mit seinen Sklaven essen. Ich mußte neben Nada sitzen.
Nada war ein hübsches Mädchen mit großen, traurigen Augen.

Sie habe ein schweres Schicksal, erklärte mir Frau Doktor. Da konnte ich einfach nichts gegen die verbotene Tischordnung sagen, und mein Hagengewissen fühlte sich schuldig.
Gegen die schlimmen Reden des Doktors machte ich heftige Einwände, die er mir mit gutmütigem Lächeln quittierte. Gegen diese Atmosphäre von Wohlwollen und Freundlichkeit kam ich einfach nicht auf.
Der Doktor soll allerdings lachend zur Lagerleitung gesagt haben: »Do hobt's mr jo ain pfundign politischn Stoßtrupp ins Haus gsetzt!«
Nada sprach nicht viel mit mir. Aber mit der Zeit verlor sich ihre Angst, und bald wurde sie so freundlich, daß ich fast mein einprogrammiertes Herrenmenschentum vergaß. Mir dämmerte, daß hier an meiner Seite ein Mädchen arbeitete, das etwa so alt war wie ich. Aber sie gehörte zur Welt der Untermenschen. Plötzlich erschien mir diese Bezeichnung absurd. Da erschrak ich. Ich ging zu Fräulein Sonnfeld und bat sie um eine andere Außendienststelle, wo es mehr Arbeit für mich gäbe.
Nun wurde ich, wie die andern auch, jeweils für vier Wochen einem anderen Hof zugeteilt.
Es war erst November, aber schon tiefster Winter. Ich mußte Berge von Holz spalten und noch größere Berge unglaublich verschmutzter Wäsche waschen. Die Leute hatten den Sommer über keine Zeit gehabt. Es war eine harte Arbeit, das Zeug, das monatelang in seinem Schmutz dahinstank, überhaupt sauber zu bekommen, zumal solche Wäschen im Freien unter der Pumpe stattfanden, ungeachtet der winterlichen Temperaturen. Die Hände wurden rot und rissig, und manchmal trieb mir der Schmerz Tränen in die Augen. Dann genoß ich hinterher das Herdfeuer in der Bauernküche und das Familienmahl.
Da saß man um den quadratischen Tisch herum und aß ein-

trächtig aus der gemeinsamen Schüssel: Urahne, Großmutter, Mutter und Kind – und der Franzos.
Die Franzosen, das waren Kriegsgefangene, die einzelnen Bauernhöfen zur Landarbeit zugeteilt worden waren. Die Bauern mochten ihre Franzosen recht gern. Diese waren meist selbst Bauern und froh, bei ihresgleichen arbeiten zu dürfen.
Daß der Franzose mit am Tisch aß und ich sogar aus derselben Schüssel essen mußte wie er, strapazierte wieder mein so sensibles politisches Gewissen. Schließlich beschloß ich, einfach nicht hinzusehen. Sonst hätte ich's im Lager melden müssen. Das konnte ich nicht. Denn dann hätten die Bäuerinnen keine Arbeitsmaid mehr zur Hilfe bekommen und auch keinen Franzosen.
Es war Adventszeit. Wir rückten zusammen an den langen Abenden im Lager und spannen uns ein auf dieser seltsamen Insel. Julmond hieß der Dezember. Statt der Weihnachtsgeschichte wurden Märchen hochstilisiert und in ihnen der Mythos vom Sieg des Guten und Hellen, der Sonnenwende, der zwölf geheimnisvollen Nächte zwischen den Jahren. Ich begriff nicht, daß es, bei soviel Traulichkeit, Kameradinnen gab, die sich nach den veralteten christlichen Liedern sehnten.
Der Krieg geschah irgendwo in weiter Ferne. Nur die allabendlichen Nachrichten holten ihn her. Wir vernahmen, wie Stadt um Stadt in Schutt und Asche sank. Wir waren solche Meldungen so gewohnt, daß wir nur noch aufhorchten, wenn es sich um die Heimat einer Kameradin handelte. Fast kein Abend verging, an dem dies nicht so war. Dann trösteten wir die Betroffene und hofften mit ihr auf gute Nachricht. Aber oft kam schlechte. Bei einem Großangriff auf München verlor ein Mädchen neun Angehörige. Sie lief schreiend durchs Lager. Ich fühlte mich beschämt, weil ich keine Worte fand, sie zu trösten. Auch darüber, daß es mir bisher im Krieg immer noch so gut gegangen war.

Da erfuhr ich eines Morgens, daß in der Nacht über meine Heimatstadt das gleiche Schicksal hereingebrochen war. Diesmal sei die Innenstadt getroffen worden und stehe immer noch in Flammen. Die Verluste unter der Bevölkerung seien unübersehbar.
Ich war entsetzt, daß ich zunächst überhaupt nichts fühlen konnte. Ich ging wie betäubt in meinen Außendienst, sprach mit niemand darüber und konnte keinen klaren Gedanken fassen. Am nächsten Tag fühlte ich mich so gelähmt, daß es mir Mühe machte, aus dem Bett zu kommen. Dann glaubte ich, der Tag nähme kein Ende. Am dritten Tag bekam ich die Eilkarte. Sie war von einer meiner Führerinnen in der Gruppe. Darauf stand: »Lisa tot. Sonst noch alle am Leben.«
Lisa, das war eine meiner jungen Schaftführerinnen.
Jetzt erfaßte mich Panik. Auf der Karte stand: »Sonst noch alle am Leben.« Was bedeutete das Wörtchen ›noch‹? Es mußten viele, viele tot sein.
Was war mit Mama?
Endlich, nach einer Woche bangen Wartens, erhielt ich ein Telegramm. Es war von Reni aus dem Allgäu und lautete: »Eltern gesund, Geschäft zerstört, Mama bei uns.«
Das Furchtbare hatte mich nicht getroffen. Wir waren davongekommen.
Aber was war mit den andern allen? Wie würde ich die Stadt wiedersehen?
Ich bekam überraschend drei Tage Urlaub und einen D-Zug-Schein. Ich lief voll Angst durch das zerstörte München, vorbei an rauchenden Ruinen und quer durch Bombentrichter, bis ich wieder einen Zug fand. Lange vor meiner Heimatstadt mußte ich aussteigen. Ich lief weiter, zu Tode erschöpft. Der Morgen dämmerte, ich hatte die Reise bei Nacht gemacht, um Zeit zu sparen.
Dann war ich daheim.

Das Elternhaus am Stadtrand stand noch. Auch die Häuser ringsum. Die Bomben hatten sich genau dazwischen in die Gärten gewühlt.

Auf dem halbabgedeckten Dach finde ich Papa. Er ist dabei, die heil gebliebenen Dachplatten auseinanderzuziehen und die Ritzen mit Schindeln zu stopfen.
Es ist ein seltsames, von seiner Seite aus unerwartetes Wiedersehen. Erst ist er fast ärgerlich, daß ich heimgekommen bin in die gefährdete Stadt.
Er ist ganz allein. In der Nacht, als die Hölle unter den niedergehenden Brandbomben ausgebrochen ist, hat Mama ihren Fuß so schwer verstaucht, daß sie nicht gehen konnte. Er hat sie am nächsten Morgen mit dem Fahrrad zur nächsten Bahnstation geschoben und noch einen Platz für sie im überfüllten Zug erkämpft. Jetzt ist sie bei Reni und den Kindern im Allgäu. Auch unsere Mieter sind geflohen. Er ist allein, und er muß das Dach decken. Jeden Tag kann Schnee fallen. Da ziehe ich schweigend meinen Mantel aus und steige zu ihm aufs Dach. Ich habe ganz vergessen, wie erschöpft ich eben noch gewesen bin.
So nahe wie in jenen Stunden gemeinsamer, harter Arbeit habe ich mich Papa noch nie gefühlt. Wir klettern auf dem Dach herum und sprechen nur das Nötigste. Aber wir sind uns nahe. Inmitten aller Verwüstungen, an einem kalten, rauchgeschwängerten Vormittag, hoch oben auf dem Dach, streift mich ein Schimmer von Glück.
Wir vernageln die geborstenen Fenster mit Brettern und Pappe. Es ist Abend geworden. Wir sitzen am warmen Ofen und sind froh, beisammen zu sein. Und wir haben das Glück, in dieser Nacht keinen Luftangriff zu erleben.
Am nächsten Morgen kämpfen wir uns durch die immer noch rauchenden Trümmer der Innenstadt. Die Straßen sind völlig

unbegehbar, von Bergen verschüttet. Es kann gar nicht richtig hell werden, denn die Rauch- und Staubschwaden verdrängen das Licht. Am schrecklichsten aber ist der Gestank. Es riecht nach tausendfach verbranntem Fleisch. Noch immer vermutet man Tote unter den Trümmern. Überall schaufeln vermummte Gestalten mit stumpfen Gesichtern. Ich nehme das Grauen mit seltener Klarheit wahr. Dabei ist mir, als wäre ich von mir selbst losgelöst und betrachte mich mittendrin.

Auf Umwegen erreichen wir die Stelle, wo unser Geschäft gewesen sein muß. Weit und breit nichts als Schuttberge.

Papa und ich graben lange. Aber wir finden nichts mehr. Ein wenig verklumptes Metall, einen halbgeschmolzenen Kassenschrank, bizarre Glasklumpen, die ehemals Ladentisch und Vitrinen gewesen sind.

Endlich kommt eine kleine weiße Kaffeekanne, aus der es an besonders anstrengenden Arbeitstagen Kaffee gegeben hat, zum Vorschein. Sie hat schon immer eine beschädigte Schnauze gehabt. Sie ist heil geblieben, und sie wird mir in ihrer unversehrten Versehrtheit zum Symbol dieses ganzen Elends.

Papa verbietet mir, ohne ihn weiter durch die Trümmerstadt zu irren. Ich würde auch niemanden mehr finden . . .

Die Zeit drängt. Ich muß wieder zurück nach Eichendorf.

Ich sitze im Zug. Das Grauen, das ich zum ersten Mal so gründlich erlebt habe, begleitet mich. Da singe ich leise ein Lied vor mich hin, das im letzten Jahr entstanden ist und das wir nun immer wieder gegen die schleichenden Zweifel ansingen. Auch jetzt gibt es mir Trost und Hoffnung:

Ehe wir von Deutschland lassen,
Lassen wir von unserm Leib.
Eher soll die Stirn erblassen,
Daß die Seel' dem Land verbleib!
Deutschland, deine Söhne tragen

Dich aus der finsteren Nacht.
Mag der Feind dir Wunden schlagen:
Uns gehört die letzte Schlacht!

Schlagen aus den Städten Brände,
Deutschland findet drin nicht Ruh.
Wer uns stellt vor Feuerwände,
Den deckt unser Schatten zu.
Deutschland, deine Söhne tragen . . .

Heimat, deine Wächter trinken
Trotz aus blutgetränktem Strom.
Mögen deine Dome sinken,
Deutschland bauen wir als Dom!
Deutschland, deine Söhne tragen . . .

Über dem öden Barackenlager hing der Duft von Tannen und Lebkuchen. Ich barg mich erlöst in meiner heilen Welt.
Es ist der vierundzwanzigste Dezember. Ein paar von uns, darunter auch ich, haben sich kleine, persönliche Geschenke für jede einzelne ausgedacht. Wir möchten so gerne Freude bereiten und Hoffnung wecken. Wir verschließen die Fenster vor der dröhnenden Welt.
Im Tagesraum ist es dämmrig und warm.
»Öffnet die Herzen der Freude, so wird bald alles Leid sich wenden!« ertönt ein kleiner Sprechchor. Zuerst haben wir das Lied von der ›Hohen Nacht der klaren Sterne‹ gesungen. Dann zünden die Sprecherinnen Kerze um Kerze an.
»Lasset uns das Licht hineintragen in die dunkle Welt!« tönt der Chor.
Der Tannenbaum knistert.
»Haltet eurer Herzen Feuer wach durch alle schwere Not!« mahnt der Chor.

Wir sitzen im großen Kreis um den Lichterbaum. Allmählich sind alle Kerzen entzündet, und ich kann die nächsten Gesichter erkennen. Sie starren hungrig und freudlos ins Licht. Ein paar Mädchen weinen leise.
»Nicht zu Sternen sollt ihr beten, tief in euch liegt euer Los!« deklamieren die Stimmen.
Aber das Weinen hat angesteckt. Der Chor wird verschlungen von vielstimmigem Schluchzen. Auch meine eigene kleine, etwas verkrampfte Freude geht darin unter. Ich weiß es und will es doch nicht wahrhaben, daß sie ringsum nach ihrem alten Christkind schreien.
Über dem anschließenden Festessen lastet bitteres Schweigen. Als ich helfe, den Tisch abzuräumen, quält mich ein ödes Gefühl im Magen. Aber ich wage nicht, darüber zu reden.
In trotziger Neugier schließe ich mich um Mitternacht ein paar Mädchen an, die ins Dorf zur Christmette gehen.
Seit meiner frühen Kindheit habe ich keinem Gottesdienst mehr beigewohnt. Ich verstehe nicht, was da vor sich geht. Aber ich spüre, wie die schlichte Frömmigkeit, mit der die Leute die Meßfeier erleben, und das feierliche Geschehen am Altar mich hineintragen in etwas Fremdes. Da fürchte ich mich. Ich will nicht zu denen gehören, die da um Vergebung der Schuld und Erlösung vom Leid beten. Ich will nicht.
Die Gesichter der Knienden verzerren sich mir zu lächerlichen Fratzen.
Ein paar Tage später stehe ich beim Neujahrsappell. Fräulein Sonnfeld strahlt uns mit ihren blauen Augen an und spricht: »Wir müssen glauben, glauben! Auch da, wo es uns unmöglich scheint.«
Die meisten schweigen betreten. Ich aber glaube . . .

Im neuen Jahr überschlugen sich die Ereignisse. Die Truppen der Alliierten standen auf deutschem Boden und rückten im-

mer weiter vor. Die Russen traten an zur Schlacht um Berlin. Die Amerikaner standen vor Aschaffenburg. Papa schrieb mir, daß er zum Volkssturm einberufen worden sei. Wir aber taten unsere Feldarbeit, als würde immer alles so weitergehen.
Ich half, Kartoffeln zu stecken. Da trat mit nachdenklichem Gesicht die Großmutter zu uns. Sie sagte etwas. Aber sie sprach nicht mit uns. Sie sprach zu den Kartoffeln: »Was wird wohl sein, wenn wir euch wiedersehen?«
Was dann sein würde, entzog sich meiner Vorstellungskraft. Bald würde ich diese glückliche Insel verlassen müssen. Ich sollte auf die Führerinnenakademie, die andern zum Kriegshilfsdienst.
Entweder wir würden kraft der Wunderwaffe doch noch siegen – oder es würde alles aus sein. Schlagworte, tausendmal gesungen und gesprochen, huben an, sich zu verwirklichen.
Eine Woche vorher hatte ein Mädchen gefragt, ob sie nicht zu ihrer kranken Mutter fahren dürfte, denn die Amerikaner stünden vor ihrer Heimatstadt. Sie durfte nicht. Wir hatten dann lange im geheimen diskutiert, ob sie eine ›Fahnenflucht‹ verantworten könne. Wir hatten uns nicht einigen können. Da fuhr sie ab, ohne uns noch länger um unsere Meinung zu fragen.
Der Abschied von den Freundinnen war bitter. Viele von ihnen waren ganz ohne Hoffnung und glaubten, das Ende wäre gekommen. Ich sträubte mich, das zu glauben. Ich hoffte auf die Wunderwaffe. Fräulein Sonnfeld brachte mir noch Blumen zum Zug. Beim erschöpfenden Fußmarsch durch das von Bomben umgepflügte München mußte ich den Strauß in einen Bombentrichter werfen. Mein Koffer begann sich aufzulösen. Er war aus Pappe. Der Griff war abgebrochen, und ich konnte ihn nur noch mit beiden Armen mühsam zusammenhalten. Von irgendwoher hatte sich mir ein anderes Mädchen angeschlossen.
Immer wieder jagten uns Tiefflieger in die Bombenlöcher, die

voller Wasser standen. Es wurde Nacht, und der Regen weichte den Koffer weiter auf.
Da nahm uns eine wildfremde Frau mit in ihr Haus, das irgendwo einsam stehen geblieben war, und ließ uns in ihren sauberen Ehebetten schlafen.
Abgerissen und erschöpft, mit nur einem kleinen Teil des Gepäcks, erreichte ich nach zwei Tagen das Elternhaus. Es stand immer noch, wenn auch mit frisch beschädigtem Dach. Immer noch hing der Geruch des Todes über der Stadt.

Es ist nie alles aus

Die Stadt war noch von weiteren Luftangriffen heimgesucht worden. Mich überkam dabei eine seltsame Erleichterung: Es war die, nicht mehr völlig ausgeschlossen zu sein aus den Schrecken, die über meine Umwelt hereingebrochen waren. Deshalb verspürte ich auch keine Angst, als es um mich herum heulte und barst. Ich wunderte mich nur, daß das Haus hinterher immer noch stand.
Mama war noch im Allgäu. Eine schwere Angina hatte sie für viele Wochen bettlägerig gemacht. Papa war froh, mich gesund bei sich zu haben. Seine Volkssturmkompanie hatte sich von selbst wieder aufgelöst. Da war auch er heimgegangen, sein Haus zu hüten. Er bestimmte nun, ich solle unverzüglich ins Allgäu fahren. Niemand wußte, wie lange es noch dauern würde, bis die Franzosen die Stadt erreicht haben würden.
Ich war einverstanden mit seinem Vorschlag. Ich sehnte mich sehr nach Mama, nach Reni und den Kindern.
Aber erst mußte ich noch etwas Unerläßliches erledigen. Ich war ja vorzeitig aus dem Arbeitsdienst entlassen worden, weil

ich an die Führerinnenakademie berufen war. Ich befand mich also noch im Dienst. Deshalb erklärte ich Papa, daß ich mich zuerst ordnungsgemäß auf der Banndienststelle* zurückmelden müsse. Ich wollte dort um Urlaub bitten. Wohl sah ich, daß es überall von Tag zu Tag chaotischer zuging. Aber war dies für mich ein Grund, mich deshalb auch chaotisch zu benehmen?

Papa greift sich mit beiden Händen in seine weißen Haare. Er ist fassungslos.
»Siehst du denn nicht, daß alles aus ist?«
»Ich – weiß – es – nicht«, stottere ich. Dann versuche ich es ihm zu erklären: »Es kann ja sein. Aber es geht mir jetzt nicht darum, ob alles aus ist oder nicht! Ich trage mit an der Verantwortung für dieses Geschehen. Ich habe all die Jahre hindurch von nichts anderem geredet als von Pflicht und Treue. Deshalb gehöre ich doch gerade auch jetzt dazu. Ich kann doch nicht einfach spurlos verschwinden!«
Ich habe mich in zornige Erregung hineingeredet. Ich bin erstaunt, daß derselbe Mann, der stets mit triumphalem Optimismus durch die Zeit gegangen ist und der auch die bedenklichsten Ereignisse mit eben jenem Optimismus ins Hoffnungsvolle hineininterpretiert hat, daß derselbe Mann, der immer dem Führer geglaubt hat, dieses einfache Gebot des Anstands nicht einsieht.
»Die stecken dich sofort zum Werwolf**!« schreit er. »Ich verbiete es dir, dich noch einmal bei deinen Leuten sehen zu lassen!«

** Banndienststelle = Kreisdienststelle der Hitlerjugend*

***Werwolf = jugendliche Guerillakämpfer aus den Reihen der Hitlerjugend, die kurz vor Kriegsende hinter den feindlichen Reihen eingesetzt wurden*

»Ich gehe nicht zum Werwolf. Ich verspreche es dir. Aber ich melde mich ab.«
Nun wird sein Gesicht steinern und kalt. Ich kenne und fürchte diese schlimmsten Vorzeichen seines Zorns. Aber ich schreie ihm ins Gesicht: »Ich bin nicht fahnenflüchtig!«
Er ist nun sehr ruhig.
»Aber du bist minderjährig. Ich werde es zu verhindern wissen, daß du in dein Unglück rennst. Verlaß dich drauf.«
»Das kannst du nicht! Das darfst du nicht!« schreie ich ihn an. All meine Verzweiflung über die trostlose Lage bricht aus mir heraus. Aber ein wenig auch eine unterschwellige Genugtuung: Wenn wir nun schon alle untergehen würden, so will ich doch dies eine Mal meinen Gefühlen keinen Zwang antun. Nur einmal – dies letzte Mal – möchte ich ihn anbrüllen, mit aller Kraft, die mir zur Verfügung steht.
»Du Schuft! Du kannst mich nicht zwingen, ehr- und treulos zu werden!«
Da packt er mich mit hartem Griff, schiebt mich in mein Zimmer und schließt mich ein. Ich breche wimmernd zusammen.

Am nächsten Morgen brachte er mich persönlich zum Bahnhof. Immer noch fuhren überfüllte Züge ins Allgäu. Erst als ich, eingeklemmt zwischen Menschen, Kisten und Säcken, im Zug stand, war mein Arm seine Umklammerung los. Er steckte mir noch einen Brief an Mama in die Manteltasche. Aber mein Entschluß stand fest: Ich wollte nur einen Tag bei Mama bleiben. Dann wollte ich wieder zurück und zum Bann und mich dort für notwendige Aufgaben zur Verfügung stellen. Ich sah, daß das Ende gekommen war und daß es ein schreckliches, ein unausdenkbares Ende sein würde. Aber ich wollte zu allem, was ich gesagt hatte, stehen. Ich gehörte dem Führer auch jetzt. Mama mußte das einsehen, und sie würde mich verstehen.

Mein Versprechen, nicht zum Werwolf zu gehen, war ehrlich gewesen. Ich wußte, daß nur noch die Wunderwaffe eine letzte Wendung der Dinge würde bringen können, nicht aber ein letztes Aufgebot von Kindern.
Es war ein trauriges Wiedersehen. Irene wußte schon lange nichts mehr von Werner, und sie war hoch schwanger.
Alle sahen nur, daß etwas zu Ende ging, das nicht zu Ende hätte gehen dürfen. Der Zusammenbruch war für die Spur, in der wir dachten, einfach nicht vorgesehen.
Der Brief von Papa an Mama war voller Drohungen. Er machte sie darin für mein künftiges Schicksal allein verantwortlich. Er habe keine Tochter mehr. Ich sei unbelehrbar und renne in meinen Untergang hinein.
Da beschloß ich, heimlich zu gehen.
Man hatte alle Türen verschlossen und mir meinen Rucksack weggenommen. Aber vom Fenster aus konnte ich auf eine Holzbeige klettern und nach unten gelangen.
Hastig rannte ich durch die Wiesen und den dunklen Wald. Ich hatte keine Zeit, mich zu fürchten, denn ich hatte Angst, sie würden mich zurückholen.
Ich erreichte noch den Zug. Spätabends kam ich an. Sofort ging ich zur Banndienststelle und hoffte inständig, daß da noch jemand wäre. Daß überhaupt das Haus noch stünde. Vielleicht würde ich auch nur eine Ruine vorfinden. Vielleicht wäre dann irgendwo ein Zettel angeheftet, auf dem zu lesen wäre, wo man untergeschlüpft sei. Solche Hinweise konnte man allenthalben finden.
Es war dunkel, und ich konnte mich nur schwer zwischen den Trümmern zurechtfinden. Aber ich hatte Glück. Das Haus war heil geblieben, und zwischen den Ritzen der Verdunklungsvorhänge drang Licht heraus. Sie waren da.
Alle saßen sie da, die Führerinnen vom letzten Sommer. Nicht die jungen Führerinnen aus meiner Gruppe. Von denen wußte

niemand etwas. Wo sie gewohnt hatten, war alles zerstört. Aber die Älteren, die Hauptamtlichen, die saßen da, alle über eine große Arbeit gebeugt. Sie schrieben Listen, auf denen ein neuer Jahrgang Jungen und Mädel zur Aufnahme in die Hitlerjugend erfaßt wurde. Am zwanzigsten April, Führers Geburtstag, sollte der Jahrgang 1935 aufgenommen werden.
Der Kalender zeigte den neunzehnten. Ich hatte in den letzten Tagen die Zeit vergessen.
Ich werde mit Hallo empfangen. Aber das dämpft sich rasch, als ich von meiner abenteuerlichen Flucht erzähle.
»Kann ich bei einer von euch wohnen?« frage ich ängstlich. »Ich kann doch nicht heim.«
Nach einigem Zögern bietet mir eine an, mit ihr zu gehen. Ich habe das Gefühl, daß es niemand wohl ist dabei.

Am nächsten Tag bitte ich um eine sinnvolle Arbeit.
»Du kannst alle noch in der Stadt verbliebenen Jungmädel sammeln und mit ihnen einen Transport ins Allgäu machen. Dort soll sich alles treffen zum Endkampf.«
»Das geht doch nicht! Ich kann doch die Kinder nicht ihren Eltern wegnehmen!« rufe ich empört.
»Wir können das auch nicht. Aber es ist ein Befehl von oben.«
»Du kannst auch hinunter ins Tal zu den Werwölfen gehen. Da braucht man alle«, sagt eine andere.
Ich starre eine nach der andern ungläubig an. Mir ist, als verspotteten sie mich mit Galgenhumor.
Da entschließe ich mich, zu Olga zu gehen. Olga, die mächtige Beschützerin meiner ersten Jungmädeltage, die ist anders. Sie gehört längst der Gebietsführung an, und sie hat mir in den letzten Jahren oft einen vernünftigen Rat gegeben, wenn ich auf stures Funktionärswesen gestoßen bin. Ich will Olga bitten, mich zu entlassen.
In einem Lastauto kann ich mitfahren. Dreimal muß der Fahrer

anhalten, und wir müssen im Straßengraben Schutz suchen vor den Geschossen der Tiefflieger. Es ist ein weiter Weg bis in den abgelegenen Winkel, wohin die Gebietsführung evakuiert worden ist, und dann finde ich eine stille, fast ausgestorbene Dienststelle vor.
Aber unter den wenigen, die ich noch finde, ist Olga. Ich erzähle ihr meine Geschichte. Sie versteht mich wenigstens, und sie nimmt meine Not ernst.
Aber genauso ernst nimmt sie die Not meiner Eltern.
»Fahr nach Hause, Cornelie. Und dann zu deiner Mutter. Sorge für sie. Halte dich aus sinnlosen Kämpfen raus. Du mußt leben. Es sind schon viel zu viele gestorben. Man wird dich auch später noch brauchen. Die Verpflichtung deinem Volke gegenüber wirst du nie los.«
Ich schaue sie dankbar, aber ungläubig an.
Gibt es denn das, ein Später?
Glaubt sie das denn wirklich?
Aber dann siegt die Erleichterung, von der Last des Augenblicks befreit zu sein.
In einer spontanen Aufwallung sinke ich ihr in die Arme und weine hemmungslos. Sie läßt mich weinen und streicht mir übers Haar.
»Kopf hoch, Nele. Wir brauchen dich. Es ist nie alles aus!«

Abends ging ich zu Papa. Es war ein schwerer Gang.
Er hatte recht gehabt. Ich hätte den Eltern diese Aufregung ersparen können.
Ich ging zu ihm, um ihm dies zu sagen. Sonst wäre ich gleich zu Mama gefahren.
Aber ich wünschte mir so sehr, daß er über meine Haltung noch nachgedacht hätte. Daß er mich hinterher vielleicht doch noch verstanden hätte. Ich sehnte mich nach seiner Güte.
Aber Papas Wut über meinen Ungehorsam und über meinen

Leichtsinn und über alles, was ich ihm entgegengeschleudert hatte, war so grenzenlos, daß ich nicht reden konnte. Ich ließ all seine harten Vorwürfe stumm und dumpf über mich ergehen.
Als ich mich anschickte, ein Rad zu nehmen, um zu Mama zu fahren, denn nun fuhren auch ins Allgäu keine Züge mehr, nahm ich zum ersten Mal wahr, wie chaotisch es im Hause aussah. Auch Papa selbst sah nicht nur mager, sondern sehr heruntergekommen aus. Da räumte ich mein Rad weg und erklärte: »Ich bleibe bei dir.«
Irgendwie konnten wir Mama eine Nachricht zukommen lassen, daß ich bei Papa sei. Ich weiß nicht mehr, wie. Ich lebte in diesen Tagen wie im Nebel.
Papa war immer noch wütend, und er ließ es mich spüren, wann er mich sah. Aber ich kümmerte mich nicht darum. Ich klammerte mich an den letzten Platz, den ich noch hatte: das Elternhaus. Hier wurde ich gebraucht.
Ich fing in irgendeiner Ecke an, zu putzen und aufzuräumen. Ich wusch den Berg schmutziger Wäsche und kochte aus dem, was ich fand, warmes Essen. Er nahm meine Fürsorge wortlos und mürrisch hin und machte sich im Garten zu schaffen. Die harte Hausarbeit betäubte meine Verzweiflung. Alles, worauf mein Leben gebaut war und was den Inhalt meiner Jugend ausgemacht hatte, war in totaler Auflösung begriffen. Um ein Haar hätte ich dabei noch mein Elternhaus verloren. Papa hatte mich nie mehr sehen wollen. Ich hatte auch das leise Gefühl, als hätte er wirklich gezögert, mich hereinzulassen, als ich zu ihm zurückgekehrt war. Er hat nicht gewußt, daß ich seine Güte gesucht habe.
Ich hatte, wenn ich fort war, nie Heimweh nach diesem Elternhaus empfunden. Höchstens nach Mama. Glücklich bin ich meist anderswo gewesen. Aber plötzlich, als ich das Rad genommen hatte, um zu gehen, wußte ich, daß ich hier gebraucht wurde.

Wie betäubt arbeitete ich mich durch das Chaos des Hauses durch. Darüber verging eine Woche. Stündlich kamen nun die Tiefflieger. Es war gefährlich, auch nur bis zum Wasserwagen am Ende der Straße zu gehen. Aus den Leitungen floß längst nichts mehr.
Dann entschloß sich eines Morgens Papa, mit mir ins Allgäu zu fahren. Die Franzosen standen kurz vor unserer Stadt. Er hatte Angst um mich. Aber er war mir noch immer böse.
Wir fuhren los, auf zwei alten Fahrrädern, von denen meins, das ältere, alle dreißig Kilometer eine Panne hatte. Er ließ mich allein flicken und fuhr davon. Die Straße ging sehr allmählich, aber stetig bergauf. Der Abstand zwischen uns wurde immer größer. Ich glaube, er trat all seine eigene Verzweiflung, die er vor mir verbergen wollte, in die Pedale. Denn auch er hatte für eine Illusion gelebt. Seine Welt mit ihren Idealen war ihm schon seit seiner Münchner Zeit fragwürdig geworden. Nun war sie zerplatzt wie eine Seifenblase. Wut und Scham machten ihn grausam.
Auch ich war verzweifelt.
Aber im Augenblick erfüllte mich noch stärker die Wut auf seine rücksichtslose Radlerei.

Obwohl ich das Ende dieses Krieges, den Durchzug müder, abgekämpfter und enttäuschter Soldaten, den Einzug der Franzosen in Gestalt von Marokkanern, das Hissen der weißen Flagge, in den nächsten Tagen ganz bewußt erlebte, fühlte ich mich nicht so hart davon getroffen wie meine Eltern, die es längst hatten kommen sehen und die es doch nicht hatten wahrhaben wollen.
Ich fühlte mich nämlich meiner Treue zum Nationalsozialismus durch all dies nicht entbunden. Sie war nichts, was man mit Flugzeugen oder Kanonen hätte totschlagen können. Auch nicht mit Hitlers Selbstmord.

Die Welt um mich aber und die Menschen darin, sie waren auf einmal anders geworden. So anders, daß ich fast niemand mehr erkannte. Dann kam das Erkennen mühsam und schmerzhaft wieder; aber es war voller Scham, denn mir war, als wären sie alle nackt.
Es war allerlei Verwandtschaft in diesen ruhigen Winkel zusammengeflüchtet. Nun neideten sie einander das Essen. Alle waren zu erschöpft und zu enttäuscht und zu schwach, um ihre menschlichen Schwächen länger zu verbergen.
Mich ekelte vor so viel Nacktheit.
Ich suchte mir eine Stelle als Bauernmagd.
Damit begann eine Leidensphase besonderer Art für mich. Mein Bauer war die ganzen zwölf Jahre lang überzeugter Nazigegner gewesen. Dies wurde mir von allen Seiten bestätigt. Nun endlich durfte er alle Schleusen seiner Wut über das Gewesene öffnen. Und was da, in der ihm zu Verfügung stehenden Sprache, an Haß aus ihm herausbrach, das verursachte mir Höllenqualen.
Er sprach von Bespitzelungen, Hinrichtungen und Folterungen Andersdenkender, von dummer deutscher Großmannssucht und vor allem von der Vernichtung Tausender, ja Millionen von Menschen in den Konzentrationslagern.
Kein Wort glaubte ich ihm.
Kein Wort glaubte ich den Zeitungsnachrichten.
Kein Wort den Plakaten an den Wänden.
»Sie lügen!« sagte ich mir. »Sie lügen alle! Sie hängen Bilder von russischen Straflagern an unsere Mauern. Sie lügen alles Gute und Große, das uns erfüllte, tot!«
Ich mußte mir den ganzen Sommer lang, neben der schweren Feldarbeit, des Bauern Haßtiraden anhören, und ich mußte dazu schweigen. Meine Familie hatte Angst. Sie beschworen mich immer wieder, niemand zu provozieren.
Ich schwieg.

Aber ich schwor mir, einmal alles aufzuschreiben. Ich konnte mir nicht vorstellen, daß das, was ich einmal würde schreiben müssen, aus einem andern Grund geschehen würde als aus dem, der mich damals diesen Vorsatz fassen ließ: Ich wollte einmal unsern Kindern von dem Feuer berichten, das unsere Herzen erfüllt hatte, von der Treue, die uns mehr galt als die eigene Person. Bis dahin wollte ich alles treu in mir bewahren ...
Deshalb – so war ich überzeugt – hatte Olga gesagt: Es ist nie alles aus.

Dann kam die Nachricht, daß Werner in den letzten Kriegstagen bei einem Tieffliegerangriff in Süddeutschland gefallen war. Irene brachte ihr drittes Kind zu Welt. Es würde seinen Vater nie kennenlernen. Mama pflegte sie. Ich durfte nun vier Kinder betreuen.
Vier Kinder lachten. Ihr Lachen tröstete, besser, als Worte es gekonnt hätten: ›Es ist nie alles aus!‹

Mama blieb noch lange bei Irene und den Kindern. Ich zog mit Papa wieder in die Stadt. Ich hatte das Gefühl, für den einsamen Mann sorgen zu müssen. Auch wenn wir nicht reden konnten miteinander. Ich begriff nicht, wie er plötzlich gegen alles, was gewesen war, so voller Kritik und Ablehnung sein konnte, jetzt, wo alles schlecht ausgegangen war. Galt es jetzt nicht erst recht, treu zu sein? Als ich die Berichte über das wahre Gesicht des NS-Staates immer detaillierter zur Kenntnis nehmen mußte, verkroch ich mich hinter dieser Treue. Schuldig war für mich nur, wer die Treue brach.

Eines Tages steht Andreas vor unserer Tür.
Er ist nicht einmal besonders mager.
»Es ist mir gutgegangen bei den Amerikanern«, sagt er. »Ich hatte viel Zeit zum Nachdenken, und ich hab' viel gelernt.«

Aber er erzählt nicht viel. Auf Papas Wiedersehensfreude lastet zu viel Schweigen.
Er läßt sich berichten, was es zu berichten gibt. Dann nimmt er sein Bündel.
»Ihr dürft mich nicht aufhalten, bitte. Ich muß endlich zu meinem Sohn. Dann bleib ich erst mal bei Reni. Ich denke, sie wird meine Hilfe brauchen können.«
Ich begleite ihn zur Bahn.
»Nun wird Mama wieder nach Hause kommen können, Nela«, sagt er zu mir. »Und du wirst dann dein Elternhaus verlassen, wie ich vor vielen Jahren. Geh, Nela, geh, sobald du kannst. Schau, daß du studieren kannst, irgendwo. Aber fang an damit, so schnell du kannst. Und wenn du studierst, dann tu's ganz so, wie du immer alles ganz getan hast.«
»Ich komm zu euch rauf, sobald ich kann«, rufe ich ihm nach.
Er ist schon in den Zug gestiegen. Da beugt er sich aus dem Fenster.
»Du besuchst mich, wenn du ein Jahr studiert hast. Dann wollen wir lange miteinander sprechen. Es wird dann viel zu reden geben. Mach's gut, große Schwester.«

Da stand ich und sah dem Zug nach. Aufgefordert, meinen Weg allein zu gehn.

Ich versuchte es. Ich war zwanzig Jahre alt.
Erst war es ein blindes Tasten.
Dann waren es mühsame Denkversuche.
Dann furchtbares Erkennen:
Das, was ich treu im Herzen hatte bewahren wollen, hatte sich gewandelt in Schuld und Scham . . .
Schuld und Scham verschlossen mir den Mund. Sie nahmen zu mit den Jahren eigenen Erkennens.
Ich erkannte, daß ich dem Bösen die Treue gehalten hatte. Das

Böse war durch die Treue nicht gut geworden, sondern es hatte meine Treue schlecht gemacht.
Ich erkannte, daß mein Idealismus mich nicht zu den Menschen hin, sondern von ihnen weggeführt hatte. Auch von mir selbst. Ich erkannte, wie bequem es gewesen war, einem Phantom nachzujagen, um der Wirklichkeit zu entkommen.
Auf der Suche nach Geborgenheit hatte ich mich einsperren lassen in eine einzige große Lüge. Darin war ein großer Teil von mir verlorengegangen.
Ich suchte mich und konnte mich nicht finden. Nur Schuld und Scham fand ich. Und Trauer. Denn es macht traurig, sich in solchen Jugendjahren verloren zu haben.
Vielen war es so ergangen. Viele waren tot.
Ich war übriggeblieben und sollte leben. Wie aber lebt man nach einer solchen Jugend?
Da spürte ich, daß unter der Trauer etwas in mir geschehen war. Die Samen, die liebende und mutige Menschen in mich gelegt hatten, waren aufgegangen.
Vater und Mutter Borg, Johannes Moser, Andreas, Irene, Frau Reinwald. Der polnische Junge. Nada.
Was sie gesät hatten, war nicht verlorengegangen. Tief in mir hatten ihre Samen Wurzeln geschlagen. Nun konnte ich aus ihnen wachsen.
Weil ich wachsen konnte, war nicht alles aus.
Ich begriff, daß Gnade immer etwas Unverdientes ist.

Nachwort

Es bleibt eine der großen menschlichen Qualitäten, Irrtum und Schuld einzusehen und dazu zu stehen.
Warum hat diese Einsicht im Deutschland der Nachkriegszeit nicht Wurzel fassen können? Warum hat sich das deutsche Volk von den verbrecherischen Taten, die in seinem Namen verübt wurden, nicht distanziert? Wie war es möglich, über die brutale Auslöschung Andersdenkender, über die beispiellose Ausrottung ganzer Völkerschaften zur Tagesordnung überzugehen, den Schmerz zu vergessen, der ganzen Generationen und Völkern durch unseren Krieg zugefügt worden ist?
In der Tat gab es Ansätze zu einer Besinnung quer durch unser Volk. Jedoch zwei Faktoren haben diesen Anfang zunichte gemacht: eine bürokratische Entnazifizierung, die plötzlich das Persilscheinsuchen, das Aufspüren von Belegen für eine weiße Weste wichtiger machte als das Eingeständnis von Fehlverhalten. Und zweitens die These: Fachleute sind nicht zu ersetzen. Wir brauchen die alten Parteimitglieder wieder. Dies gab gerade den Opportunisten unter Hitlers Parteigängern, denen, die immer ein Pöstchen ergattern, jenes Selbstbewußtsein, zu sagen: Was interessiert unsere Vergangenheit, wir werden gebraucht.
Die Nachkriegsgeschichte hat diese allzeit fröhlichen Funktionäre hochgespült bis zu den höchsten Ämtern des Staates. Aber es gab auch nicht wenige, die ein ehrlicher Glaube an den Nationalsozialismus gebunden und geblendet hatte. Sie, die wissen wollten, wie es zur politischen Leidenschaft ihrer Jugend gekommen ist, wurden allein gelassen. Davon berichtet dieses Buch. Auf sich selbst gestellt, berichtet ein Mensch von dem Hin- und Hergeworfensein zwischen Gläubigkeit, Leidenschaft, Schuld, Einsehen, Treue, Verrat. Es ist die

Geschichte vieler 15- bis 18jähriger, deren Jugend in die Nazizeit fiel, denen unter Vorspiegelung faszinierender Fernziele das Denken narkotisiert wurde, die mißbraucht und in vielerlei Weise verheizt wurden, nicht nur auf Hitlers Schlachtfeldern.

Zwei zwingende Gründe sehe ich, die die Autorin zu diesem Bericht getrieben haben, und sie sind der entscheidende Bewertungsfaktor für dieses Buch. Die Autorin wollte eine lange zurückgehaltene Erklärung versuchen auf die Frage ihrer Kinder, auf die immer wiederkehrende Frage der nachfolgenden Generationen an ihre Eltern: »Wie konntet ihr auf so etwas hereinfallen?« Sie wollte endlich das Schweigen brechen, das sie ihr Leben lang belastet hatte. Der zweite Grund ergibt sich für sie als Konsequenz aus dem ersten: kein Gras über jene Vergangenheit wachsen zu lassen; die teuer bezahlte, bittere Erkenntnis im Bewußtsein zu behalten, die Erkenntnis nämlich, in welches Monstrum von Staat sich ein zivilisiertes Volk verwandeln kann, ohne daß es selbst es bemerkt; festzuhalten, wie Einflüsse und Zwänge einer Epoche nicht nur einzelne, nicht nur Gruppen, sondern eine ganze Gesellschaft überwältigen und paralysieren können, ohne daß sie sich dessen bewußt wird.

Mit welcher Kraft der Erinnerung, mit welchem Mut zur Wahrhaftigkeit und Genauigkeit ist dieser Bericht geschrieben. Auf diese Weise wird ein Stück Geschichte von unten her sichtbar, in dem begrenzten Bereich einer mittelgroßen Stadt, in der Verflochtenheit von gesellschaftlichen Gepflogenheiten und Bindungen, in der Lächerlichkeit ebenso wie in der noch vorhandenen qualitativen Tragfähigkeit eines Bürgertums, das sich schließlich durch politische Abstinenz und Interesselosigkeit preisgibt und nicht mehr die Kraft und Geistesgegenwart aufbringt, in dem dröhnenden »Deutschland erwache« die Augen zu gebrauchen, dem Kopf das Denken und Zweifeln zu

erlauben und das Herz zum Reagieren freizugeben. Nichts anderes beabsichtigt dieses Buch, als die damalige konkrete Wirklichkeit sichtbar zu machen und dem stereotypen »Wir haben nichts gewußt« entgegenzutreten.
Wir laufen Gefahr, das Dritte Reich nur noch in einem historischen Rahmen zu sehen mit den bekannten Größen bis herab zu Heydrich und Eichmann. Der Nationalsozialismus kannte aber nicht nur Führer. Er hatte auch eine Gefolgschaft. Und wie Kriege nicht nur von Offizieren geführt werden, sondern von Soldaten, hat das in der Historie vernachlässigte Volk auch im Dritten Reich eine große Rolle gespielt. In der Bürgerschaft einer Mittelstadt erscheint es hier wieder, authentisch und genau, nicht in bloßen Fakten und statistischem Material, sondern in seinem konkreten Verhalten. Und wer Geschichte erkennen und verstehen will, statt sie nur lernend zu registrieren, der greift immer wieder zu solchen Dokumenten.

Inge Aicher-Scholl

Weitere Bücher von Renate Finckh

Renate Finckh
Das bittere Lächeln
Roman eines Frauenlebens
322 Seiten.
Gebunden, mit Schutzumschlag.
ISBN 3-88350-722-9

Marietta ist bereits eine reife Frau, als sie sich auf die Suche nach dem verschütteten Bild der Mutter begibt. Das Tagebuch ihrer Mutter wird ihr zum Wegweiser, zeigt das Sterben einer Liebesehe, läßt sie erkennen, warum die Mutter so wurde, wie sie sie erlebte und noch als Last in sich trägt.
Der Roman Renate Finckhs verbindet die auf einem authentischen Tagebuch beruhende Erzählung eines Frauenlebens in der ersten Hälfte unseres Jahrhunderts mit der literarischen Verarbeitung einer Mutter-Tochter-Beziehung.

Renate Finckh
Nach-Wuchs
Roman
234 Seiten.
Gebunden, mit Schutzumschlag.
ISBN 3-88350-434-3

Dieser sensible und eindringliche Roman ist ein mutiger, ehrlicher Bericht einer Mutter Ende 50, die über den Konflikt mit ihren selbständig werdenden Kindern zur Aufarbeitung ihrer Kindheit und Jugend im Nationalsozialismus kommt.

Bleicher Verlag
70839 Gerlingen